Eduard Weihenmajer

Zur Geschichte von Akragas

Eduard Weihenmajer

Zur Geschichte von Akragas

ISBN/EAN: 9783743307957

Hergestellt in Europa, USA, Kanada, Australien, Japan

Cover: Foto ©ninafisch / pixelio.de

Manufactured and distributed by brebook publishing software (www.brebook.com)

Eduard Weihenmajer

Zur Geschichte von Akragas

Es war am 17. November 1898, dass wir, die beiden schwäbischen Mitglieder des damaligen archäologischen Kurses, vom alten Henna, jetzt Castro Giovanni, auf der Bahn der sicilischen Südküste zufuhren, um Girgenti zu besuchen. Wieder, wie schon am Tag zuvor, boten sich dem Auge die weiten, baumlosen, dem Getreidebau gewidmeten Flächen dar, ohne Haus oder Dorf, meist auch ohne Menschen. Nur selten einmal zeigt sich hoch an den zackigen Kalkbergen, von denen die gewellten Gefilde umgeben sind, eines jener weiss schimmernden Städtchen, nach denen, so fern sie der Bahn auch liegen, die Stationen genannt sind. An den Bahngebäuden sind allenthalben Schwefeltafeln aufgehäuft zum Transport bereit; Dampfwolken dringen aus dem Bauch der Berge hervor; auch sie weisen auf das Vorhandensein der Schwefelgruben hin, wie die langen Reihen von beladenen Eseln, die von Buben geleitet die Schwefelstücke fortzuschaffen haben. Die Arbeit in den Gruben mit ihrem Elend und ihrer Mühsal prägt sich aber auch in dem verdüsterten und verkümmerten Gesichtsausdruck aus, der einem grossen Teil der Bevölkerung eigen ist und der in nichts an die heitere Lebensfreudigkeit erinnert, die unserer Vorstellung nach über der Stelle schweben müsste, wo einst ein blühendes hellenisches Gemeinwesen stand. Die Stadt Girgenti selbst erreicht man mit der Bahn von hinten: ein Thal trennt die Seite des Bahnhofs von den Felshöhen, die dem höchstgelegenen Teil der Stadt nach Norden zu unüberwindliche Festigkeit verliehen. Hat man dieses Thal überschritten und durch die Porta del Ponte die Stadt betreten, so fällt in der engen, sich mehrfach krümmenden Strasse, die, der Länge nach hindurchführend, die Hauptverkehrsader des jetzigen Girgenti bildet, und auf den Plätzen, die sie verbindet, ein missmutig und finster blickendes Volk dem Reisenden auf, den zudem nirgends in Italien so wie hier die freche Zudringlichkeit der Gassenbuben belästigt, die sich zu allen möglichen Führerdiensten anbieten. Auch dies nicht zu verkennende Spuren der Armut, der es an Verdienst fehlt und die sich auch zum ärmlichsten Verdienst gierig herandrängt. Gewaltsam müssen wir uns im Geiste immer und immer wieder vorhalten, dass dies der Ort ist, wo einst eine der schönsten und üppigsten Städte der griechischen Welt gestanden, in deren Gassen eine genussfrohe Menge sich drängte, die, so lange das unerbittliche Schicksal es gestattete, das menschliche Dasein nur von seiner schönen und heiteren Seite sah. Steigt man aber hinauf auf eine der Höhen, etwa die Rupe Atenea, oder tritt man aus der Stadt mit ihren engen, dumpfen Gassen an den Südrand vor, dann bietet sich dem überraschten Auge ein Bild dar, das uns die Erinnerung an den Glanz und die Blüte des hellenischen Akragas geradezu aufnötigt. Vor uns senkt sich eine Terrasse, mit üppigem Grün überzogen, sachte hinab, im Süden wieder etwas emporsteigend. Aus dem dichten Wald von Oliven und anderen Fruchtbäumen heben sich da und dort weisse Gebäude, auch Ruinen von klassischer Form empor, und bald erkennen wir, den anschwellenden Südrand krönend, die schlanken Reihen edler Säulen, jene Tempelruinen, die zu dem Schönsten gehören, was von der verschwundenen Pracht des klassischen Altertums uns noch zu schauen vergönnt ist. Dahinter aber steigt zum Horizont die glitzernde, blaue Fläche des afrikanischen Meeres empor, ein Bild, das unsere Phantasie mitten hinein versetzt in die welthistorischen Kämpfe, die sich hier abgespielt haben. Aus einer armen Gegenwart schweifen unsere Gedanken zurück in die Zeit des Glanzes, den dieser Ort einst erlebt hat. So liegt es nahe, die Katastrophen sich zu vergegenwärtigen, die diese Herrlichkeit in Trümmer gelegt haben. Es sind Katastrophen freilich, die unserem Gefühl dadurch um so peinlicher sind, dass es edles griechisches Wesen war, das hier barbarischen Gewalten, der orientalischen Grausamkeit und der Härte des Römers erlag. Vielleicht aber doch nicht für immer. Denn abgesehen davon, dass ja die Früchte, die jene Kulturblüte vor ihrem Untergang gezeitigt hat, nicht verloren gegangen sind, so mögen wir auf die Hoffnung nicht verzichten, dass wie uns aus dem düsteren Auge des jetzigen Siciliers ein liebenswürdiger Blitz entgegenleuchtet, wenn man sich mit freundlicher Anrede an ihn wendet, so einst aus der trüben Gegenwart derselbe Sonnenglanz wieder hervorbrechen möge, der ehemals über diesen Gegenden strahlte.

I. Gründung der Stadt und Herrschaft des Phalaris.

Die Gründung von Akragas fällt nach Thukydides (VI 6), dessen Angaben man inbetreff der Gründungszeit der hellenischen Kolonien in Sicilien jetzt ziemlich allgemein folgt, in die Zeit um 580 v. Chr.; um dieselbe Zeit zog nach Diodor (V 9)[1] eine Schar von Knidiern und Rhodiern, also kleinasiatischen Doriern, aus um, geführt von dem Knidier Pentathlos, dem harten Druck der asiatischen Könige[2] zu entgehen und den Versuch zu wagen, in dem den Hellenen noch nicht unterworfenen Westsicilien sich niederzulassen, einen Versuch, der Pentathlos persönlich das Leben kostete, worauf seine Begleiter weiter zogen und auf den liparischen Inseln eine neue Heimat fanden. Akragas war eine Gründung von Gela; 108 Jahre nach der Entstehung der Mutterstadt erfolgte sie, wie Thukydides uns berichtet, Aristonus und Pystilos nennt er als die Gründer. Gela selbst war eine Niederlassung von Kretern, Leuten aus dem zwischen Rhodos und Knidos gelegenen Telos und namentlich Bewohnern der Stadt Lindos, sowie anderen Rhodiern. Rhodier scheinen nun aber auch unmittelbar bei der Errichtung der neuen Kolonie Akragas beteiligt gewesen

---

[1] In den zwei Berichten über Pentathlos, Diodor V 9 und Pausanias X 11 (letzterer bezieht sich auf den ältesten der sicilischen Geschichtschreiber, auf Antiochos von Syrakus), findet sich allerdings kein Hinweis auf einen Zusammenhang dieses Zugs mit der Gründung von Akragas hinsichtlich des Ziels, das dabei verfolgt wurde. Aber offenbar ist dabei die Erzählung von Pentathlos ins Fahrwasser späterer Ereignisse hineingeraten; wird er doch nach Diodor in Kämpfe zwischen Egestäern und Selinuntiern hineingezogen, wie sie später so oft erwähnt werden. Pausanias, der merkwürdiger Weise zum Schauplatz dieser Dinge das Vorgebirge Pachynum macht, Verwechslung von Motyke und Motye?, lässt ihn dort den Elymern und Phönikiern erliegen; offenbar schwebt ihm dabei die Geschichte vom Spartaner Dorieus vor. Sein Geschlecht führt Pentathlos nach Diodor auf den Herakliden Hippotes zurück, was eigentümlich anmutet angesichts des Umstandes, dass seine Begleiter dann auf den Inseln des „Hippotaden" Aiolos (s. Odyssee X 2) sich niederlassen.

[2] In erster Linie ist dabei wohl an den Lyderkönig Alyattes zu denken, der damals auch die dorischen Gemeinden Kleinasiens schon bedrohte, wenn nicht gar unterworfen hatte, s. Herod. I 6 und 28.

zu sein, die Polyb (IX 27) geradezu als Gründung von Rhodiern bezeichnet. Könnte nun auch die Beiziehung von Rhodiern mit dem auch sonst geübten Brauch zusammenhängen, dass man von seiten einer Stadt, die selbst Kolonie war, der Mutterstadt Ehre dadurch erwies, dass man aus ihr sich den Leiter des Unternehmens bei Anlegung einer eigenen Pflanzstadt verschrieb, so liegt doch gewiss näher, anzunehmen, dass derselbe Grund, der die Genossen des Pentathlos aus der Heimat trieb, andere Rhodier veranlasste, sich den Stammesgenossen zu einem Unternehmen anzuschliessen, dessen Zweck ebenfalls die Ausbreitung hellenischer Macht und hellenischen Besitzes auf Sicilien war. Wollte Pentathlos unmittelbar in den von hellenischer Ansiedlung noch unberührten Teil von Sicilien eindringen, so wollten die Dorier von Gela und ihre Genossen die breite Lücke ausfüllen, die an der Südküste noch das eigene Gebiet von der westlichsten Griechenstadt hier, Selinus, trennte. Die eine dieser beiden Unternehmungen musste der andern als Stütze dienen, und so sind doch wohl beide nicht ohne Beziehung auf einander ins Werk gesetzt worden.

In Sicilien war das Hellenentum noch im Fortschreiten begriffen, als Akragas gegründet wurde, in Kleinasien hatte schon sein Zurückweichen vor den grossen Monarchien des Ostens begonnen. Das Scheitern von Pentathlos' Unternehmen fand schon in dem Landstrich Siciliens statt, in dem dauernd sich festzusetzen den Hellenen nie gelingen sollte und von dem aus später die Peripetie ihres Glückes erfolgte. Ihre begehrlichen Blicke werden aber schon damals auch auf dieses Stuck der Insel gerichtet gewesen sein, und so wird jener kühne Abenteurer nicht ohne Beeinflussung durch seine sicilischen Stammesgenossen sich hierher gewendet haben. Freilich, wer die Gegner waren, denen Pentathlos erlag, ist nicht sicher. Waren es bloss die Elymer von Segesta, wie Diodor berichtet, oder diese und die Phönikier, die Pausanias nennt? Und in letzterem Falle, waren die Phönikier bloss die von Motye, Panormos und Solocis, den alten Kolonien dieses Volks auf Sicilien, oder hatten diese schon Rückhalt an den Carthagern? Jedenfalls sind diese, auch wenn sie noch nicht unter den Gegnern des Knidiers waren, doch unmittelbar nach seinem Falle auf dem heiss umkämpften Schauplatz dieser Ereignisse erschienen.

Das Unternehmen des Pentathlos misslang. Sein unmittelbarer Plan scheiterte und seine Begleiter setzten sich auf den liparischen Inseln fest, wo sie ein Gemeinwesen mit einer Art von sozialistischer Teilung der Arbeit bildeten und ein Vorposten des Hellenentums wurden, aber wie es scheint, mehr gegen die tyrrhenischen Seeräuber, als gegen das Semitentum. Die Gründung von Akragas gelang. Freilich, war hier feindlicher Widerstand zu überwinden, so war es wohl nur der vereinzelter sikanischer Gemeinden, die nur im Anschluss an eine fremde Militärmacht hätten gefährlich werden können. Der neuen Pflanzstadt gab nach der Angabe des Thukydides Gela seine eigene Verfassung, die er eben als die dorische bezeichnet hatte. An dem dorischen Charakter der Stadt wurde dann auch offiziell bis in die spätesten Zeiten festgehalten. Es könnte sich die Frage erheben, ob bei diesen Ereignissen schon ein Gegensatz zwischen den verschiedenen dorischen Gemeinden hervortrat, zwischen Megara und seiner Tochterstadt Selinunt auf der einen und etwa dem korinthischen Syrakus oder dem rhodisch-kretischen Gela mit Akragas auf der andern Seite? Im Westen von Sicilien jedenfalls dürfte der nationale Gegensatz zwischen Hellenen und Nicht-Hellenen andere Rücksichten zurückgedrängt haben, und so erscheint es nicht unwahrscheinlich, dass das rhodisch-geloische Akragas bestimmt war, dem entlegenen, vom Gegner bedrohten Selinunt die Hand zu reichen, indem es den weiten

Zwischenraum zwischen dieser und Gela mit einer neuen Pflanzstadt besetzte. Vor solchen Unternehmungen pflegten die Hellenen namentlich die dorischer Abkunft sich an die Orakel zu wenden. War es vielleicht der weitere Blick der grossen Orakelanstalten, etwa der Priester von Delphi, der hier bestimmend eingriff?

Der Ort, wo die neue Stadt angelegt wurde, war nicht unbewohnt. Schwerlich allerdings darf angenommen werden, dass die Phönikier hier eine ihrer Faktoreien gehabt haben. Wenigstens die Merkmale, die Thukydides für diese angiebt (VI 2), passen nicht. Er sagt, sie wohnten einst um ganz Sicilien, indem sie ins Meer vorspringende Felshöhen, die sie durch Ummaurung vom Hinterland abschlossen, und kleine Inselchen besetzt hatten. Nichts von dem findet sich an dem ziemlich geradlinig verlaufenden Gestade von Akragas. Es müsste denn sein, dass noch jemand in der Sage von Minos eine Spur ihrer Anwesenheit sehen wollte, der hier in der Gegend irgendwo — aber nicht in Akragas selbst — nach der Sage (Herod. VII 170, Diod. IV 79, Strabo VI 3, 2) in der von Dädalos für den Sikanerkönig Kokalos erbauten Stadt Kamikos seinen Tod fand. Dieselbe Sage nennt aber jedenfalls das Volk, von dessen einstiger Anwesenheit noch wirklich Spuren vorhanden sind, die Sikaner. Es war ein Barbarenvolk, wie es die Hellenen bezeichneten, also nicht hellenischen Stamms, noch auf der Stufe einer zurückgebliebenen Kultur stehend. Die Reste davon, den vorhellenischen Gräbern entnommen, reichen nicht bis an die Kultur heran, die die hellenischen Ansiedler mit nach Sicilien brachten. Die Sikaner waren von Osten nach Westen gedrängt worden durch ein nach ihnen erscheinendes Volk, die Sikeler oder nach einer andern Ueberlieferung, durch die schreckhaften Ausbrüche des Ätna (Diod. V 6). Einst soll (Herod. VII 170) die ganze Insel Sikania geheissen haben, später insbesondere die Gegend um Akragas (Stephan Byz.). Der Weg, auf dem sie kamen, wird uns dadurch gewiesen, dass ihr Name (z. B. Gell. I, 10) auch unter der Urbevölkerung Italiens auftaucht. Ihr Volkstum, besonders auch ihre Sprache waren schon früh unter ihren höher stehenden Nachbarn aufgegangen; daher ist die Frage nach ihrer Herkunft und ihren Verwandtschaftsverhältnissen früh ein Spielball der Gelehrten. Thukydides (VI 2) und etwas zögernd nach ihm Philistos (bei Diod. V 6) sprechen von einem Sikanosfluss in Iberien, der ihnen den Namen gegeben habe. Nach andern sind sie Kelten, in deren Lande die Sequana an ihren Namen erinnere. Näher liegt die jetzt verbreitete Ansicht, ihren Namen dem ihrer östlichen Nachbarn, der Sikeler, zur Seite zu stellen und von demselben Stamm, aber mit einer andern Endung, abzuleiten, so dass sie, wie es von diesen festzustehen scheint, nur ein Zweig des italienischen Stammes wären. Bildungsstufe und politische Verhältnisse scheinen sie mit ihnen zu teilen. Sie wohnten nach Diodor (V 6) in einzelnen Gemeinden ohne engeren Zusammenhang. Ihre „Städte", jede unter einem selbständigen Fürsten stehend, lagen, wie noch jetzt die meisten Orte Siciliens, auf hohen Felsbergen zum Schutz gegen „Räuber". Lag nun wohl eine solche Sikanerburg ursprünglich an der Stätte von Akragas? Ueberreste finden sich, auch Gräber mit viereckigem Querschnitt in den Fels gehauen, mit Bänken für Leichname, zu jedem führt eine Treppe hinauf. Dort fand man Gefässe aus gelblichweissem, rotgefärbtem Thon mit schwarzen Flechtornamenten, die von Andrian an die mykenischen Ausgrabungen Schliemanns erinnern.[2]) Auch Steinwerkzeuge

---

[1]) S. von Andrian, Prähistorische Studien aus Sicilien, Berlin 1878, S. 82 ff. Vgl. auch das badische Werk Aus dem classischen Süden, 1886, S. 39 ff. nebst den betreffenden Abschnitten von Holm und besonders

der neolithischen Periode von Girgenti erinnert sich der Verfasser im Museum von Syrakus gesehen zu haben. Wenn aber demnach Akragas die Stelle einer ehemaligen Sikaner. niederlassung einnahm, so hat jedenfalls die Zurückdrängung oder Vertreibung dieser schlecht bewehrten „Wilden" keine Spur in der geschichtlichen Ueberlieferung hinterlassen, zumal da sie ja auch gar nicht notwendig auf kriegerischem Wege erfolgt zu sein braucht.

Bei Gründung einer neuen Pflanzstadt, hauptsächlich einer dorischen, handelte es sich zunächst darum, den Ansiedlern ausgiebigen Landbesitz zu verschaffen und in der neuen Stadt einen Verteidigungspunkt und zugleich für weitere Ausbreitung eine geeignete Stütze zu gewähren. Eine Seestadt war Akragas nicht; nie hören wir von Kriegsschiffen der Akragantiner, nie von der Befestigung ihres Hafens, der in der Mündung des Akragasflusses lag. Sie war nahe genug am Meer angelegt, 18 Stadien betrug die Entfernung nach Polyb (IX 27), nach neuerer Schätzung aber nicht bis zum Südrand der Stadtmauer, sondern bis zu dem noch eine Strecke dahinter liegenden Markt. So konnte sie immer mit den andern Hellenenstädten in Verbindung bleiben; war sie etwas vom Meere entfernt, so lag der Grund sicher nicht in der drohenden Seeräubergefahr, sondern darin, dass die gewählte Stelle zur Verteidigung gegen Angriffe zu Lande sich besonders eignete. Eine umstrittene Frage ist, ob die Stadt selbst gleich bei der Gründung eine Mauer erhielt, die ihren ganzen späteren Umfang umschloss, ob sie als Grossstadt angelegt wurde, wie Schubring meint (Histor. Topographie v. Akragas, Leipzig 1870, S. 14 f.), oder ob die Mauer erst später, etwa unter Theron, nach der Schlacht bei Himera, ihren weitesten Umfang erhielt. Jedenfalls wird anzunehmen sein, dass die Lage so gewählt wurde, dass sie an sich, zunächst auch ohne, oder nur mit improvisierten Befestigungswerken leicht zu verteidigen war. Es fehlt uns jeder Anhalt, um eine bestimmte Vorstellung von den finanziellen Mitteln zu gewinnen, die solchen Ansiedlern zu Gebote standen für grössere Bauten. Einerseits reichen die ältesten der grossen Tempelbauten in Selinunt bis an die Gründungszeit der Stadt (628) heran, andererseits sehen wir, dass in Akragas erst ein ausserordentlicher Zuwachs an Sklaven, wie er nach der Schlacht bei Himera stattfand, eine Bauthätigkeit in grossem Stil hervorrief. Wenn den Megarern von Selinunt bedeutende Mittel zu Gebot standen, so ist bis zu einem gewissen Grad ein Gleiches jedenfalls auch von den Geloern oder wohl besonders den Rhodiern von Akragas vorauszusetzen. Wollten doch diese letzteren die alte Heimat an der fernen sicilischen Küste wieder erstehen lassen; das zeigt der offenbar gleich in Angriff genommene Bau des Atabyriostempels. Sie hatten also ohne Zweifel auch die nötigen Geldmittel mit von Hause gebracht. Zudem lässt das Unternehmen des Pentathlos es glaublich erscheinen, dass diese auswandernden Kleinasiaten ein kriegerischer Geist belebte. So werden sie auch bei Anlage ihrer Stadt gleich an militärische Massregeln gedacht haben. Es fragt sich, ob mit der Befestigung der Burg erst auf das freiheitsmörderische Streben des Phalaris gewartet wurde, dem Polyän (V 1) diese zuschreibt. Aber die Erbauung des ganzen Umfangs der späteren Stadt wäre doch für die Mittel und besonders auch für die Volkszahl der ersten Ansiedler zu viel gewesen. Diese letztere war ja doch zuerst sicherlich so klein, dass an die Ausfüllung, jedenfalls an die Verteidigung

---

Freeman's sicilischer Geschichte. P. Orsi's Quattro anni di ricerche Sicule, Parma 1894 (auch im Bullettino di Paletnologia italiana 1890 ff.) waren leider in keiner der beiden grossen gelehrten Bibliotheken Württembergs aufzutreiben.

des weiten Mauerrings gar nicht hätte gedacht werden können. Es wird gewesen sein, wie in Syrakus und an andern Orten: der südliche Rand des späteren Stadtumfangs wurde erst in der späteren Blütezeit der Stadt erreicht und befestigt, als hier die grossen Tempelbauten entstanden. Der Umfang aber, den das jetzige Girgenti einnimmt, ist nicht bloss der der ehemaligen Burg, sondern auch der der ersten Ansiedlung überhaupt.

Die Geschichte der Stadtgründung ist, wenn wir von der gewöhnlichen Zeitrechnung, der des Thukydides, ausgehen, wonach sie um 580 oder kurz vorher anzusetzen ist, eng verflochten mit der Geschichte des Phalaris und seiner Tyrannis. Diese beginnt nach der herrschenden Ansicht*) um 570 und dauert 16 Jahre, also bis 554. Polyän (Strategem. V 1) erzählt den Hergang so: die Bürger wollten um 200 Talente (913050 Mk., wenn attische Talente gemeint sind!) dem Zeus Policus, nach allgemeiner Annahme demselben, der sonst den rhodischen Namen des Zeus Atabyrios trägt, einen Tempel bauen und zwar auf der Burghöhe, weil hier der Untergrund felsig und am festesten sei und weil dies auch den Vorstellungen von der Heiligkeit eines solchen Orts am besten entspräche, wenn man den Wohnsitz des Gottes auf der höchsten Stelle errichte. Phalaris nun, der ein Telones, d. h. Zollpächter⁵) genannt wird, bot sich an, den Bau zu übernehmen, indem er verhiess, die besten Werkleute zu stellen, das Material unter vorteilhaften Bedingungen zu liefern und für das 'ihm übergebene' Geld sichere Bürgen [der richtigen Verwendung] zu stellen. Als das Volk auf seinen Vorschlag einging, weil man ihm infolge seines Berufs die grösste Erfahrung in solchen Dingen zutraute, habe er Gefangene gekauft, Fremde in seinen Sold genommen und reichliches Material, Holz, Stein und Eisen, auf den hochgelegenen Bauplatz schaffen lassen. Dann liess er sich weiter unter dem Vorwande, dass auf dem offenen Platz viel von dem Baumaterial gestohlen werde, die Erlaubnis geben, den Ort mit einer Ringmauer zu umgeben. Als dies geschehen, habe er die Gefesselten gelöst, sie mit Steinen, Aexten und Beilen bewaffnet und am Thesmophorienfest die Bürger überfallen: nachdem er die Männer meist erschlagen und mit den Seinen der Weiber und Kinder sich bemächtigt hatte, sei er so in den Besitz der Herrschaft gelangt. Es müssen aber doch nicht alle Bürger erschlagen worden sein; denn bald darauf (Polyaen. V 2) fasst Phalaris den Plan, die Bürger zu entwaffnen: er thut dies, indem er vor der Stadt ein glänzendes Festspiel veranstaltet; als die Bürger alle voll Schaulust hinausgeströmt sind, lässt er die Thore schliessen und durch seine Leibwächter die Häuser nach Waffen durchsuchen. Der Vorfall erinnert stark an das von Xenophon (Hellen. II 3, 20) von den dreissig Tyrannen in Athen Erzählte. Handelt es sich hier nicht einfach um eine der im Altertum so häufigen Uebertragungen einer Anekdote von einer Person auf die andere, so mögen die beiden Geschichten von Phalaris das enthalten, dass er die neue Niederlassung einmal zur Burg machte, dann aber auch die ursprüngliche Bevölkerung hinausdrängte und die Burg mit seinen Leibwächtern besiedelte. Er erreichte damit wie die späteren Tyrannen von Syrakus

---

⁴. S. Busolt. Griech. Gesch. ¹ (S. 273 A. 2. Holm, Gesch. Siciliens I S. 398 u. a.

⁵. Was heisst hier τελώνης? Waren die Zölle, sei's Ausfuhr-, sei's Einfuhrzölle, schon damals so gross, dass es sich verlohnte, einen besondern Pächter aufzustellen, oder bedeutet es, wie man schon gemeint hat, Bauunternehmer oder handelt es sich bei den τέλη, um die Abgaben unterworfener Sikaner, die er einzutreiben hatte? Polyän denkt offenbar an Zölle im eigentlichen Sinn: wenn die Akragantiner ihm zutrauen, dass er διὰ τῶν τελωνείων βίον sich am besten eigne, so meinen sie doch wohl, dass er infolge seines Verkehrs mit den Kaufleuten das zum Bau Nötige am besten bekommen könne.

auf Ortygia ein doppeltes: sich selbst verschaffte er eine feste Stütze seiner Macht und die Stadt erweiterte er, indem er die alten Bewohner nötigte sich ausserhalb vor den Thoren anzusiedeln.

Die Burg von Akragas wird allgemein an den Nordrand der Bergterrasse verlegt, die in ihrer Blütezeit die Stadt im wesentlichen ausfüllte, jener Terrasse, die in ihrem nördlichen und nordöstlichen Rand an zwei Punkten zu einer Höhe von über 300 Meter emporsteigt, da, wo jetzt die Kathedrale S. Gerlando, auf dem höchsten Punkte der jetzigen Stadt, sich befindet, zu 330*) und östlich in der rupe Atenea zu 351 Meter. Das ganze Plateau ist von Flüssen umgeben, an die aber nur der südliche Teil der Westhälfte ganz herantritt. Im Westen und Südwesten ist es nach Polyb (IX 27) der Hypsas, jetzt Drago, im Osten und Süden (Polyb nennt nur den Süden) der Akragas, der nach den Alten der Stadt den Namen gab, jetzt S. Biagio. Beide vereinigen sich südlich von der Stadt, die sich in den durch die beiden Flüsse gebildeten Winkel südwärts hineinschiebt, ohne ihn ganz auszufüllen. Beide fliessen vereint unter dem Namen des Akragas, jetzt Fiume Girgenti, dem Südmeer zu, wo an ihrer Mündung später das Emporium des alten Akragas sich befand. Schon Polyb hebt die scharfen Ränder des Plateau's hervor, auf denen die Ringmauer sich erhob, und sagt, die Kunst habe der Natur geholfen, wo die natürliche Schroffheit versagte. Wasserrinnen, die von der bogenförmigen Nord- und Nordostseite sich süd- und südwestwärts ziehen, bewirken eine wellenförmige Gestaltung der Oberfläche. Dem Südrand parallel zieht sich ebenfalls eine Einsenkung hin und hat zur Folge, dass dieser eine dem Nordrand entsprechende, nur viel niedrigere Anschwellung bildet. Der höchste Punkt (120 m) ist hier die Stelle im Südosten, wo der sogenannte Tempel der Juno Lacinia sich erhebt. Von dem Hinterland im Norden ist die Stadt durch eine tiefe, schluchtartige Einsenkung abgeschnitten, in der zwei Flüsse, einer dem Hypsas westwärts, einer dem Akragas ostwärts sich zuwendet. Auf sie schauen jene höchsten Erhebungen des Nord- und Nordostrands der Stadtterrasse tief herab. Ueber die Wasserscheide zwischen beiden (dem Vallone Pleberia und Salano) führt jetzt die Strasse von dem jenseits gelegenen Bahnhof zur Stadt, die sie auf ihrer Ostseite in einer Vertiefung zwischen der Stadt und der rupe Atenea erreicht. Es ist jene Vertiefung, von der der Volksmund erzählt, dass sie auf den Rat des Empedokles künstlich geschaffen wurde, um die Nordwinde als Schutz gegen die Malaria in das eigentliche Stadtgebiet hereinzulassen.

Eine alte Streitfrage ist aber, wo die Burg zu suchen sei, ob auf der rupe Atenea oder, wie wir seither schon vorausgesetzt haben, in dem jetzigen Girgenti? Polyb sagt in seiner Beschreibung der Stadt (IX 27), sie erhebe sich über der Stadt gerade da, wo die Sonne im Sommer aufgehe, also im Nordosten. Nach aussen sei sie von einer tiefen Schlucht umgeben, auf der Stadtseite habe sie nur einen Zugang; auf ihrem Gipfel sei der Tempel der Athene und des Zeus Atabyrios erbaut, wie bei den Rhodiern. Da nun auf der rupe Atenea, auf die uns die Angabe Polyb's hinsichtlich der Himmelsgegend hinweist, weder Platz für mehr als eine Kapelle, keinenfalls aber für zwei Haupttempel ist, noch auch Spuren der entsprechenden Substruktionen sich fanden, andererseits aber Spuren und Reste zweier grosser Tempel von altertümlicher Bauart im höchsten Teil von Girgenti vorhanden sind, unter dem Dom S. Geraldo und in der Kirche S. Maria dei Greci, so nimmt

*) Mit Einrechnung des Campanile nach Schubring sogar zu 354 m.

man einen Fehler des Polyb an, eine Verwechslung von Ost und West. Vielleicht ist aber der Irrtum auch nur dadurch veranlasst, dass man beim Betreten der Stadt in ihrem weitesten Umfang später von der Hafenseite her durch die sogenannte porta aurea oder noch mehr von der Westseite durch das Thor von Herakleia eine nach Nordost führende Strasse gehen musste, um zum Eingang in die Burg zu gelangen, der ohne Zweifel da war, wo man noch jetzt die Stadt Girgenti betritt, durch die sogenannte Porta di Ponte. Das war eben jener einzige Zugang zur Burg von der Stadt her. Damit scheint es sich dann aber auch zu empfehlen, die westliche Stadtseite nicht, wie Schubring und die meisten thun, im ganzen Verlauf als gerade Linie zu denken bis zur Südwest-Ecke der Burg (der jetzigen Kirche del Carmine), sondern sie mit Freeman beim ponte dei morti sich umbiegen und dem von Nordost nach Südwest sich hinziehenden valle della croce oder S. Leonardo entlang zur Südost-Ecke der Stadt (zur Kirche S. Pietro) laufen zu lassen. Damit erhält dann jene Bemerkung Polyb's über den einzigen Zugang zur Burg von der Stadt her erst ihre volle Bedeutung.

Die wahre geschichtliche Bedeutung des Phalaris und seiner Tyrannis festzustellen ist eine fast unlösbare Aufgabe. Wie die bildende Kunst der Griechen besonders für die Göttergestalten gewisse Typen geschaffen hat, deren Grundformen in ihren allmähligen und mannigfachen Umgestaltungen durch die ganze Kunstgeschichte zu verfolgen ihrem Studium besondern Reiz verleiht, so finden wir eine ähnliche Neigung zur Typenbildung auch in der Geschichtschreibung der Hellenen. Es leuchtet aber ein, wie sehr dadurch oft die geschichtliche Wahrheit verdunkelt wird. Das Urbild des blutdürstigen Tyrannen wurde Phalaris. Alle Züge, die einem solchen zuzutrauen waren, wurden in seiner Gestalt vereinigt, auch wohl von andern Tyrannen solche auf ihn übertragen. So fällt auch bei den beiden berühmten Tyrannen von Akragas, Phalaris und Theron, eine dreifache Uebereinstimmung auf: 1. beide benützen Tempelbauten und ihre Mitwirkung dabei zur Erlangung der Tyrannis, 2. beide regieren 16 Jahre und 3. beide dehnen ihren Machtbereich bis zur Nordküste und zwar nach Himera aus. Ferner nach dem Muster des älteren Dionys und teilweise des Agathokles wird er ohne weiteres als Tyrann von Sicilien bezeichnet. Auch dass seine Söldner sich der Frauen und Kinder bemächtigen, nachdem sie die Männer erschlagen, ist ein solcher aus späterer Zeit, besonders der Geschichte der kampanischen Söldner in Sicilien übertragener Zug. Die Geschichte von Möros und Damon, in deren Freundschaftsbund sich Dionys als den dritten aufnehmen liess, hat ihre Analogie in der Geschichte von Chariton und Melanippos (s. Äl. Var. hist. II 4 und Athen. XIII 602). Auch von mythologischen Wesen hat seine Gestalt Züge überkommen, so vom ägyptischen Busiris die grausame Verfolgung der Fremden (Apoll. II 5, 11, 7 ff.) und vom phönikischen Moloch das Verzehren kleiner Kinder (Heracl. 57, Athen. IX 396). Sein Name ist geradezu sprichwörtlich geworden für den eines blutdürstigen Tyrannen. Cicero (ad Att. VII 12) hat uns das Wort Phalarismus (φαλαρισμός) aufbewahrt für das Verfahren eines grausamen Tyrannen. Alle diese Züge, wie sie in diesen und andern ähnlichen Stellen enthalten sind, stammen aus einer Zeit, die viele Jahrhunderte später ist als Phalaris. Merkwürdig ist es nun, dass gerade in der ältesten Erwähnung des Tyrannen, die wir haben, die aber doch auch etwa hundert Jahre jünger ist als sein Leben, bei Pindar (Pyth. I 182 ff.), auch schon jener eherne Stier mit genannt ist, der mit dem Andenken von Phalaris' Namen unlöslich verbunden ist und der nicht zum wenigsten der Gestalt dieses Fürsten den Typus sprichwörtlicher

Grausamkeit aufgedrückt hat. Es ist ein Lied, gedichtet auf einen pythischen Wagensieg des Hieron, „des Aetnäers", in dem die Stelle sich befindet. Der Dichter findet es nötig, Gelon's Bruder mit leiser Mahnung das Vorbild guter Fürsten vorzuhalten. „Ewig dauert", heisst es hier am Schluss, „des Kroisos freundliche Tugend; dagegen den Phalaris, der erbarmungslosen Sinnes im ehernen Stier die Menschen verbrannte, verfolgt überall feindliche Rede; nimmer begrüsst die Laute ihn mit ihrem Klang unter dem Dach des Hauses im traulichen Verein der Knaben" — „des Königs Namen meldet kein Lied, kein Heldenbuch! versunken und vergessen! das ist des Sängers Fluch."

Aus der Stelle Pindars geht natürlich bloss hervor, dass 100 Jahre nach der mutmasslichen Lebenszeit des Phalaris sein Ruf und insbesondere die Geschichte vom ehernen Stier schon feststand. Was mag wohl der Thatsache zu Grunde liegen, dass die sonstige Bedeutung des Mannes bis auf wenige Spuren vergessen wurde, dagegen das Andenken an den ehernen Stier, in dem Menschen verbrannt wurden, so fest haftete? Offenbar etwas, das die Phantasie der Menschen ganz besonders beschäftigte. Wusste man ja doch die Beschaffenheit des Stiers ganz genau zu schildern: durch eine Oeffnung auf dem Rücken oder an den Schultern wurden die Unglücklichen hineingeschoben, unter dem Stier ward ein Feuer angezündet, und eine besondere Vorrichtung war angebracht, dass das Geschrei der Gemarterten wie das Brüllen eines wirklichen Rindes klang. Auch den Namen des Künstlers kennt man, Perilaos (Perillus bei den Römern), er war ein Athener[1]), und an ihm selbst wurde das fertige Kunstwerk zuerst erprobt: mit seinem eigenen Tode „weihte er es ein" wie Ovid sagt (Ars amat. I 653 f.) Nach demselben Dichter (Ibis 437 f.) fand schliesslich Phalaris selbst in dem Stier seinen Tod.

Die Gestalt des Phalaris hatte für die Hellenen einen fremdartigen Charakter, um so leichter konnte die Ueberlieferung aus ihm das Urbild jenes düsteren Tyrannen machen, der noch in späten Zeiten den Rhetorenschulen reichen Stoff zu Uebungen im Angriff, aber auch in der Verteidigung gegeben hat. Seine Gestalt trägt aber entschieden orientalische Färbung und zeigt, dass sie ihre Prägung in den Grenzgebieten hellenischen und orientalischen Wesens erhalten hat. Wenn er wirklich etwa 10 Jahre nach der Gründung von Akragas in den Besitz der Tyrannis gelangte, so kann er, obwohl er ein Akragantiner heisst, doch nicht dort geboren sein. Freeman glaubt, die Notiz in dem 35. der sogenannten Briefe des Phalaris, wo er sich einen Sohn des Leodamas aus Astypaläa[2]) (einer der dorischen Sporaden) nennt, könne, so frei erfunden sonst der Inhalt dieser Briefe sei, wohl auf alter Ueberlieferung beruhen, und auch Holm hält dies nicht für unmöglich. Wir müssen wohl in Phalaris einen der abenteuernden Männer der griechischen Inselwelt oder von Kleinasiens Küste sehen ähnlich dem Pentathlos und andern. Mag ja doch damals auch die Reisläuferei dieser Leute nach Aegypten fortgedauert haben, die aus Raubfahrten hervorgegangen war (s. Her. II 152), die ihre klassische Schilderung in der Erzählung gefunden haben, die Odysseus

---

[1]) Unwillkürlich erinnert man sich dabei des Atheners Daidalos, der für Pasiphae, die Gemahlin des Minos, jene eherne Kuh verfertigte.

[2]) Astypalaea heisst auch die Burg von Samos (Polyaen I 23) und ist ein alter Name von Kos (Strabo p. 657). Seltsam ist die Zusammenstellung der Namen Perilaos und Astypalaea bei Pausanias (VII 4, 1), indem er mitteilt, nach Asios ἐν τοῖς ἔπεσι sei Perilaos (natürlich nicht der Künstler!) ein Sohn des Ankaios, eines Sohnes von Poseidon und Astypalaia, der Tochter des Phoinix von der Perimede. — Auf einen wilden Charakter der Leute von Astypalaea weist die Erzählung von Kleomedes bei Pausanias VI 9, 6 hin.

in der Hütte des Eumaios und sonst zum besten giebt (Odyss. XVI 199 ff.). Die griechischen Soldtruppen, die seit Psammetich (655—610) in Aegypten sind, werden wohl steten Nachschub aus der Heimat erhalten haben. Aehnlich wurde in späterer Zeit ein anderer solcher Krieger, ein Dorier aus dem Mutterland, Tyrann in Sicilien, und zwar in Heraklea und dann in Selinunt, jener Euryleon, der Genosse des Spartiaten Dorieus (Her. V 46). Die kleinasiatischen und die Inselgriechen waren damals noch nicht verweichlicht wie unter der lydischen und persischen Herrschaft. Die Kämpfe mit Alyattes namentlich haben ohne Zweifel ein kriegerisches Geschlecht herangezogen. Die Mischung der verschiedenen Bevölkerungselemente, die sich bei der Gründung von Akragas zusammenfanden, wird die Conflikte veranlasst haben, die zur Tyrannis führten. Das schon weichere sicilische Hellenentum unterlag dabei den wilden Kriegsgesellen, die von Osten kamen.⁹)

Der Stier nun mit den brüllenden Unglücklichen in seinem heissen Bauch erinnert durchaus an die ehernen Rinder, die im Heiligtume des Zeus Atabyrios auf dem höchsten Berge von Rhodos sich befanden (Strabo p. 655) und die brüllten, wenn Unheil drohte.¹⁰) Dieser Kult kam jedenfalls nicht von Gela mit nach Akragas; denn dort findet sich keine Spur von ihm, sondern wurde jetzt neu eingeführt und beschäftigte aufs lebhafteste die Vorstellung der einheimischen Bevölkerung. Vielleicht konnten die brüllenden Töne durch eine besondere Vorrichtung, durch eine Art Windfang hervorgerufen werden: stand ja doch das Heiligtum in Rhodos auf einer windumwehten Höhe, von wo nach Diodor (V 59) der Blick bis nach Kreta schweifte. Aehnlich wird das auch in Akragas gewesen sein. Bekanntlich sah man in der Erzählung vom Stier des Phalaris lange die Einführung des Molochdiensts in Akragas, und bei der Nähe der phönikischen Niederlassungen schien ja dies auch nahe genug zu liegen. Man ist davon abgekommen und stellt auch den Namen des Atabyris- oder Atabyrionbergs nicht mehr mit Tabor zusammen, sondern führt ihn auf die karische Urbevölkerung von Rhodos zurück (s. Beloch, Rhein. Museum XLIX 1894) und leitet ihn von dem bei Stephan von Byzanz angeführten Wort taba, Fels, ab. Die brüllenden Rinder stellen dann wohl die brausenden Winde oder, da ja häufig Flussgötter in Stiergestalt dargestellt werden, die rauschenden Bergwasser dar.

Nach Diodor (XIX 108) stand der Stier nicht in Akragas selbst, sondern auf dem Berg Eknomos, dem jetzigen Poggio S. Angelo, rechts von der Mündung des fiume salso, des südlichen Himera der Alten. Läge darin mehr als eine blosse etymologische Spielerei („Berg der Gesetzlosigkeit"), so könnte man ja annehmen, dass hier eine Kultstätte des Moloch stand, der übrigens nicht in Stiergestalt verehrt wurde, und dass dieser Umstand zur Entstehung der Sage vom Stier des Phalaris beitrug. Jedenfalls scheint es (Diod. l. c.), dass auf dem Eknomos ein Kastell des Phalaris stand. Diodor selbst weiss aber auch zu berichten (XIII 90), dass der Stier des Phalaris von den Karthagern unter jenen vielen Kunstwerken mit entführt wurde, die sie nach der Einnahme von Akragas 406 nach Karthago sandten. Scipio habe dann nach der Eroberung dieser Stadt den Stier den Akra-

---

⁹) Duncker Gesch. d. Alt. VI. S. 659) führt den Ursprung von Phalaris' Tyrannei auf die Unzufriedenheit der bei Gründung der Stadt nicht unter die Geschlechter aufgenommenen Bürger zurück. Das müssten nichtdorische Handels- und Gewerbetreibende oder vielleicht auch sikanische Heloten und Periöken gewesen sein. Die Dorier, die sicilischen und die fremden waren doch wohl alle in die drei Phylen eingegliedert und vollberechtigt. Phalaris ist wohl jedenfalls Dorier.

¹⁰) Die Stellen s. bei Hiller-Gärtringen in Pauly's Realencyklopädie, 2. Aufl. I. S. 1888.

gantinern zurückgegeben (Diod. XIII 90 und Polyb. XII 25). Der etwa 352—256 v. Chr. lebende Geschichtsschreiber Timaios von Tauromenion bestreitet das Vorhandensein des Stiers überhaupt. Diodor und Polyb fallen mit Befriedigung über den gefürchteten Kritiker her und meinen, er sei durch die Thatsache jener Zurückgabe widerlegt. Wenn der Stier je als das Marterinstrument, für das er ausgegeben wird, existiert hat, so hätte jedenfalls die Nachricht, die von den Pindarscholien (zu Pyth. I 185) auf Timaios zurückgeführt wird, dass er nach dem Sturz des Tyrannen ins Meer gestürzt wurde, die höchste Wahrscheinlichkeit für sich.

Phalaris wird in ganz späten Zeiten (Suidas) als „Tyrann von ganz Sicilien" bezeichnet. Das war er keinenfalls. Man hat ihn da eben einem Dionys I oder Agathokles gleich gestellt. Was von seinen Thaten überliefert wird, ist nicht viel. Das wenige, was etwa vorhanden war, wurde durch die Fabeleien über die Grausamkeit des Tyrannen zurückgedrängt. Auch mag schon hier, wie später noch manchmal in Betracht kommen, dass die sicilische Geschichtschreibung für die älteste Zeit doch eben in syrakusanischen Händen lag. Sehr glaubhaft ist, worauf die Anekdoten des Polyän (V. 1, 3 und 4) hinweisen, dass er mit den Sikanern zu thun hatte und seine Macht landeinwärts auf ihre Kosten ausbreitete. Es mochte ihm aber schwer fallen, die unzugänglichen Bergnester einzunehmen, und so war er auf List angewiesen. Bei einer Stadt[11] muss er die Belagerung aufgeben. Er übergiebt vor dem Abzug den übrigen Getreidevorrat seines Heers den feindlichen Bürgern mit der Verabredung, dass er sich dafür dann im nächsten Jahr ihre Ernte holen dürfe. Das thut er. Er hat aber vorher die Aufseher der Getreidemagazine in der feindlichen Stadt bestochen, dass die Dächer der Magazine schadhaft gemacht wurden, so dass das Getreide durch Regen verdorben wurde, und als im Sommer die Belagerung wieder aufgenommen wurde, musste sich die Stadt aus Mangel an Lebensmitteln ergeben. Noch abenteuerlicher klingt die zweite Geschichte. Phalaris bewirbt sich mit Erfolg bei Teutos,[12] dem Stadthaupt von Uessa oder Vessa um die Hand seiner Tochter. Dann sendet er jugendliche Soldaten ohne Bärte in Weiberkleidern auf Wagen, um Brautgeschenke zu überbringen. Im Hause des Fürsten aufgenommen ziehen diese ihre Schwerter, die sie unter den Kleidern versteckt hatten, und zugleich erscheint Phalaris vor der Stadt und gewinnt sie.

Dass des Phalaris Tyrannis auf dem Gegensatz des von Osten gekommenen oder irgend eines andern neuen Bevölkerungselements gegen die von Gela Gekommenen beruht, macht auch der Umstand wahrscheinlich, dass er an der Grenze gegen Gela zwei Kastelle gehabt haben soll (Diod. XI 108); das oben erwähnte von Eknomos und gegenüber ein östlich von der Mündung des südlichen Himera gelegenes, das nach ihm Phalarion hiess, wahrscheinlich auf dem jetzigen Monte Gallodoro. Nach Aristoteles (Rhetor. II 20) hat sich Phalaris aber auch an der Mündung des nördlichen Himera festgesetzt, in der gleichnamigen Stadt: er habe dort die Feldherrnwürde erlangt, freilich nicht, wie er gewünscht, eine Leibwache und damit die Stadtherrschaft; dies letztere habe der Dichter Stesichoros

---

[11] Polyän spricht von Συκανοί. Dagegen sagt Frontin (III 4. 6) quaedam loca munitione tuta; er nimmt also an, dass diese List mehrmals Erfolg gehabt habe.

[12] Der Name lautet einigermassen keltisch-germanisch an. Er gehört wohl zu dem bekannten Stamm in Meddix tuticus. Ist der Mann ein Sikaner, so hätten wir damit ein Anzeichen der italischen Zugehörigkeit der Sikaner.

durch das bekannte Märchen vom Hirsch und Pferd hintertrieben. Die Quellen der beiden Himeraflüsse liegen nahe bei einander; versicherte sich Phalaris wie der Mündung, so auch des Laufs der Flüsse, so hatte er die Westhälfte Siciliens als seinen Wirkungskreis abgeschnitten.[13]) Hat sich aber Phalaris in der That diese Stellung in der Stadt Himera verschafft.[14]) der Nachbarin der beiden Phönikierstädte Soloeis und Panormos, dann liegt es nahe genug, ihn sich auch in feindlichem Gegensatz zu dem Phönikiertum zu denken, und dazu stimmt, dass wir von Unternehmungen des Phalaris gegen Selinus zu, das wohl im Bunde mit ihm stand, nichts hören. Die Phönikier, denen die Versuche auf Himera galten, werden jetzt wohl die Karthager gewesen sein, vielleicht schon unter dem Feldherrn Malchus, der nach Justin (XVIII 7, 1) in Sicilien lange und glückliche Kriege führte (s. Meltzer, Gesch. d. Karth. I S. 158 f und Holm I 152).

Fassen wir das Ergebnis des seither Besprochenen zusammen, so mag es folgendes sein: wir nehmen an, dass die Gründung von Akragas im Zusammenhang steht mit einem Vorstoss des Griechentums, der mit veranlasst wurde durch herüberströmende Flüchtlinge aus den Gegenden in und um den Südwesten von Kleinasien, dessen Bewohner schon Beziehungen zu den Sikeliotenstädten hatten. Die Unternehmung des Pentathlos misslang, aber Akragas ward gegründet, nicht gleich als Grossstadt, aber es ward doch schon durch Phalaris erweitert. In der neuen Stadt zeigt sich bald ein Gegensatz zwischen dem wilderen von drüben gekommenen Element und den einheimischen Sikelioten. Phalaris wird Tyrann, der Führer der Zugewanderten; ein harter Regent, wird er das Urbild des blutgierigen Zwingherrn, und dazu trägt namentlich bei, was über die Stierbilder des atabyrischen Zeus gefabelt wird. Er dehnt als kräftiger Herrscher seine Macht über einen grossen Teil des westlichen Siciliens aus, zugleich als Vorkämpfer hellenischer Macht gegen Sikaner und Phönikier. Sein Sturz wurde durch die Bürgerschaft unter Führung eines gewissen Telemachos bewirkt, angeblich infolge einer Aeusserung von ihm selbst: wenn die vor dem Habicht fliehenden Tauben einig wären, so wären sie dem Verfolger überlegen. Das nahmen sich die zu Herzen, die es hörten (s. die Stellen bei Holm I S. 398). Sein Andenken und sein Haus sollten vertilgt werden: nicht nur er selbst, auch seine Mutter und seine Frau wurden getötet, ja sogar das Tragen blauer Kleider verboten, weil diese Farbe die Gewänder seiner Trabanten und Diener gehabt hatten. Ob Telemachos auch zugleich sein Nachfolger in der Regierung gewesen ist, darüber erfahren wir nichts. Dagegen werden als Nachfolger des Phalaris, sei's in der Tyrannis, sei's als Regenten unter einem anderen Titel Alkamenes und nach diesem Alkandros genannt, welch letzterer den Ruf eines mild gesinnten Mannes hatte; die Akragantiner aber gediehen nach Heraklides Ponticus, der uns dies berichtet, zu solchem Wohlstand, dass sie purpurbesetzte Kleider trugen (Her. Pont. de polit. XXXVII bei Müller Hist. Graec. II S. 223).

II. Tyrannenherrschaft des Theron.

Akragas verschwindet nun eine Zeit lang aus der Geschichte. Es ist eine Zeit, wo in den Städten des östlichen Siciliens mannigfache Bewegungen stattfinden; Gewaltherrscher bemächtigen sich der Städte, und unter ihnen selbst scheinen lebhafte Fehden stattgefunden zu haben. Ob Akragas an diesen Fehden sich beteiligte, wissen wir nicht. Vielleicht einzelne Akragantiner, wenn anders Ainesidemos, der Sohn des Pataikos[1]), der von Herodot (VII 154) unter den Leibwächtern des Tyrannen Hippokrates von Gela genannt wird, und Ainesidemos, der Tyrann von Leontinoi, den Pausanias (V 22, 2) von einem andern Ainesidemos aus derselben Stadt, der mit zwei Mitbürgern eine Zeusstatue nach Olympia stiftete, unterscheiden will, mit dem gleichnamigen Vater des Theron etwas zu schaffen haben. Sicher aber dürfen wir annehmen, dass jetzt jene intensive Landeskultur, insbesondere der Anbau der Rebe und des Oelbaums, ihren Anfang nahm, auf der neben der Ausfuhr von Getreide und Wein zum grossen Teil der Reichtum der Akragantiner beruhte. Nach Diodor (XIII 81) war zuletzt fast das ganze Gebiet von Akragas mit Oelbäumen bepflanzt, mit deren Erträgnisse die Bewohner einen schwunghaften Handel nach Afrika betrieben, das damals des Oelbaums noch entbehrte. Eine Folge war dann natürlich auch das vermehrte Zuströmen von Kaufleuten und Gewerbetreibenden in die Stadt. Als Theron sich der Tyrannis bemächtigte, sollen die Bürger eben einen Tempel der Athene gebaut haben. Vielleicht war das doch nicht bloss die alte, mit von Rhodos herübergewanderte lindische Athene (waren doch schon fast 100 Jahre seit Gründung der Stadt vergangen), sondern Athene sollte hier als Schutzherrin des Oelbaus verehrt werden. Dass der Verkehr zwischen Karthago und den Städten der Insel überhaupt ein lebhafter war, zeigt der Umstand, dass Hamilkar, der karthagische Feldherr in der Schlacht bei Himera, der Sohn einer syrakusanischen Mutter war. Jedenfalls aber war es eine Stadt von gedeihlicher Entwicklung, in der Theron, der Sohn des Ainesidemos, nach gewöhnlicher Berechnung um 488 v. Chr., sich der Herrschaft bemächtigte.

Polyän (VI 51) berichtet uns, wie Theron in den Besitz der Tyrannis gelangte. Er hatte sich im geheimen Leibwächter geworben, hatte aber nicht genug Geld, den Sold zu bezahlen. Da nun aber eben damals die Stadt der Athene einen prächtigen Tempel baute, so benützte er den Umstand, dass das Geld bei den einzelnen Arbeiten vielfach unterschlagen wurde, dazu, die Bürger zu bereden, dass sie die ganze Arbeit auf einmal vergeben, sich zahlungsfähige Bürgen für das Geld stellen lassen und eine Frist für die Vollendung festsetzen sollten. Seine Vorschläge fanden Beifall, und die Stadt vergab die Arbeit im ganzen. Theron's Sohn Gorgos[10]) trat sodann als Unternehmer auf, und mit dem Gelde wurden nun keine Werkleute irgend welcher Art gemietet, sondern die Leibwächter bezahlt, so dass sich die Akragantiner gleichsam mit ihrem eigenen Geld die Zwingherrschaft gekauft hatten. Was kann nun wohl der historische Kern dieser Erzählung sein? Sie erinnert, wie oben schon gesagt wurde, an die von dem Regierungsantritt des Phalaris. Haben beide Berichte neben einander Geltung? oder ist der eine nur eine Wiederholung des andern? Ueber Phalaris' Regierungsantritt findet sich die früheste Andeutung bei Aristoteles (Polit. V 10), der sagte, Phalaris habe von amtlicher Stellung aus (ἐκ τιμῆς) die Tyrannis erlangt. Das kann auf sein Amt als Zollpächter gehen, aber auch auf etwas anderes. Ist es der Fall, so zeigt es zunächst nur, dass zur Zeit des Aristoteles diese Erzählung schon vorlag, so wie das Bild seines Charakters zur Zeit des Pindar in seinen

---

[9]) Bekanntlich steht dem entgegen, dass Therons Vater Ainesidemos, sonst ein Sohn des Emmenides und nicht des Pataikos heisst, s. unten.

[10]) Denselben Namen führt bei Diod. V 9 einer der Begleiter des Pentathlos, die die Ueberlebenden der missglückten Expedition nach den liparischen Inseln führen.

wesentlichen Zügen fertig war. Die Typen bildende Thätigkeit der griechischen Phantasie begann eben schon früh, aber ebenso auch die Neigung, Züge von einem Tyrannen auf den andern zu übertragen. Es ist nun nicht zu leugnen, dass zum Bild des Phalaris besser passt, was über die Art berichtet wird, wie er zur Herrschaft gelangte, als das, was von Theron erzählt wird, zu der Vorstellung stimmt, die wir aus den ältesten Berichten über ihn bei Pindar gewinnen. Der reiche Fürst von adlicher Gesinnung, an dessen Hofe die unbeschränkteste Gastfreundschaft herrscht, unterschlägt zu Gunsten seiner ehrgeizigen Pläne eine grosse Summe Geldes. Er hat im geheimen sich Leibwächter geworben, aber er hat die Mittel nicht, ihnen den Sold zu zahlen; da wäre es doch das Natürlichste gewesen, sie auf die Beute zu vertrösten, die von dem Gelingen des Unternehmens zu hoffen war. Es sieht aus, als wäre die stehende Vorstellung die gewesen: in Akragas bemächtigt man sich der Tyrannis unter schlauer Benutzung eines Tempelbaus[17]). Auch der angebliche Geldmangel des Theron erscheint zweifelhaft angesichts des Umstands, dass sein Bruder Xenokrates schon im Jahr 494 v. Chr. einen von Pindar (Pyth. VI) besungenen Wagensieg in den pythischen Spielen errungen hatte. Die Familie gehörte demnach doch zu den wohlhabensten in Akragas.[18])

Therons Familie war aber nicht bloss reich, er rühmte sich auch hochadlicher Abstammung, und wenn Pindar in den beiden Theron selbst gewidmeten Gedichten (Olymp. II und III) diese hervorhebt, so war seine Aufgabe dabei wohl eine ähnliche wie die Virgils bei Abfassung seiner Äneide. Wie dieser die Legitimität des julischen Geschlechts, so sollte Pindar die des Emmenidenhauses darthun. Kadmos galt für den Stammvater des Hauses, und Gelehrte alter und neuer Zeit haben sich bemüht, die Kette von Theron's Stammtafel bis zu ihm durch alle Glieder zurückzuführen. Thersandros, des Polyneikes Sohn ist nach Pindar (Olymp. II 76) der eigentliche Stammvater des Geschlechts, das, wie der Scholiast zu berichten weiss, unter einem Theras vom Peloponnes nach Thera wanderte und dieser Insel, die zuvor Kalliste hiess, ihren späteren Namen gab. Von da zogen sie nach Rhodos, und „nachdem sie mancherlei Nöte bestanden", kamen sie „zu der heiligen Wohnstatt am Fluss", wo sie nun „Siciliens Auge" sind. Dabei bleibt ungewiss, ob sie gleich in Akragas oder zuvor in Gela sich niederliessen, um dann von hier aus mit den andern Ansiedlern hinüberzuziehen. Telemachos sei es gewesen, der zuerst nach Sicilien kam: vielleicht derselbe, der den Phalaris stürzte; Emmenides, nach dem das Geschlecht das der Emmeniden heisst, dann Ainesidemos sind Grossvater und Vater des Theron und Xenokrates. Zwischen beide wäre aber dann jener Pataikos einzuschieben, wenn Ainesidemos, des Theron Vater, derselbe sein sollte wie jener Offizier des Hippokrates von Gela gleichen Namens.

Theron und seine Regierung leuchten uns vor allem in dem Glanz entgegen, den die Muse Pindars um sie verbreitet hat. Aber was Pindar preist, der Reichtum und die milde, offene Hand des gastfreundlichen Fürsten, das sind nicht Eigenschaften, die einem Regenten geschichtliche Bedeutung verleihen. Und doch beginnt mit Theron die Glanzzeit

_{Weniger Gewicht mag haben, dass Theron bei Herodot und Diodor gar nicht τύραννος heisst, sondern bei jenem μονάρχος, bei diesem δυνάστης.}

_{[18]) Für allen Reichtum der Familie spricht auch ein Fragment (Encom. 2) von Rhodos gekommen hausen sie nun in der hochragenden Stadt, zahlreiche Geschenke den Göttern darbringend; es folgte ihnen aber eine Wolke nie versiegenden Reichtums.}

der Geschichte von Akragas, so wie mit seinen Zeitgenossen Gelon und Hieron von Syrakus die Glanzzeit dieser Stadt anfängt. Der Reichtum der Stadt war allem nach schon vor Theron im Zunehmen begriffen, sicherlich war sie schon vor ihm in gedeihlicher materieller Entwicklung begriffen gewesen. Aber jenes sichere Vorwärtsstreben, jener frohherzige Unternehmungsgeist, der den Bürgern eines blühenden Gemeinwesens eigen zu sein pflegt, der wurde den Akragantinern erst eingeflösst durch die Teilnahme an der grossen nationalen That der sikeliotischen Griechen, an dem siegreichen Kampf mit Karthago. Auch im Mutterland hebt die Blütezeit mit einer solchen nationalen Grossthat an, aber hier ist es schon das freie Bürgertum, das sie vollbringt. An der Spitze der Sikelioten stehen die — in Sicilien etwas später als im Mutterland auftretenden — Tyrannen im Kampf gegen den Landes- und Rassefeind. Pindar weiss nichts zu berichten von Theron's Teilnahme am grossen karthagischen Krieg. Von Hieron rühmt er die Besiegung der Etrusker, von Theron preist er Tugenden, wie sie später auch die reichen akragantinischen Privatleute, ein Gellias u. a. zeigten. Auch die Geschichtschreiber weisen das Hauptverdienst dem Gelon zu. Es zeigt sich eben auch hier eine gewisse Parteilichkeit der Literatur für die Stadt, die später die erste war. Akragas steht immer an zweiter Stelle, und doch zeigt schon der reiche Anteil an der Karthagerbeute, der ihm zufiel, dass es auch im Kampf mit in erster Reihe stand. Die Politik Therons nach aussen scheint eine der ähnliche gewesen zu sein, die Phalaris nach den wenigen Ueberlieferungen befolgte, die wir über ihn haben: Verbindung mit der Nordküste, so dass die phönikischen Kolonien, d. h. jetzt das karthagische Gebiet in Sicilien, mit den Bundesgenossen der Semiten, den Elymern, und was ihnen etwa an Sikanern anhing, von seiner Macht umschlossen wurden. Mit dem Machthaber des Ostens, mit Gelon, seit 491 Herr von Gela, seit 488 auch von Syrakus knüpfte er enge Familienbande: er gab ihm seine Tochter Demarete zum Weibe, er selbst vermählte sich mit der Tochter von dessen Bruder Polyzelos,[19] der sich nach Gelons Tod mit dessen Witwe Demarete verband. Nach dieser Seite hin erstrebte also Theron friedliche Anlehnung, nicht Ausdehnung der eigenen Macht. Waren so die beiden Fürsten eng verbunden, so stand ihnen ein anderes Paar gegenüber, Terillos, des Krinippos Sohn, der Tyrann von Himera, und der Gemahl von dessen Tochter Kydippe, Anaxilas, der Beherrscher von Rhegion. Theron vertrieb nun (Herod. VII 165) den Terillos und setzte sich selbst in Himera fest. Wie Holm vermutet (I S. 205), wurde er von einer Partei in Himera zu Hilfe gerufen. Sicherlich wäre er aber diesem Ruf nicht gefolgt, hätte sich ihm nicht dabei eine lockende Aussicht irgend welcher Art geboten oder hätte er nicht irgend eine bestimmte Absicht verfolgt. Eine solche Absicht kann sich entweder gegen die Karthager gerichtet haben oder gegen Anaxilas, den Tyrannen von Rhegion, des Terillos Schwiegersohn, von dem er nicht voraussetzen durfte, dass er den Vertriebenen nicht unterstützen würde, und dessen Macht damals im Nordwesten von Sicilien, wo er namentlich über Zankle-Messana gebot, gross war. Theron seinerseits verliess sich sicherlich auf die Beihilfe des Gelon, der, auch abgesehen von der Verwandtschaft mit Theron, um so bereitwilliger sein musste, hier einzuschreiten, als der Einfluss, den sein Vorgänger Hippokrates in diesen Gegenden gehabt

---

[19] So nach den Scholien zu Pindar Ol. II. Boeckh II. 1. S. 58. In der Scholienausgabe von Abel (Berlin 1891) heisst seine Frau eine Schwester des Polyzelos und Hierons, ja nach demselben in etlichen Handschriften eine Schwester des Polyzelos und Tochter des Hieron. S. Freeman »Deutsche Ausgabe von Lupus« II p. 124 A. 2.

hatte, durch Anaxilas bedeutend geschmälert worden zu sein scheint. Man könnte sich etwa denken, Theron habe sich Himera's bemächtigt in der Voraussetzung, Gelon werde mit seiner bedeutenden Macht den Anaxilas in Schach halten. Wahrscheinlicher aber wäre, wenn es sich nur dabei um Terill und Anaxilas gehandelt hätte, dass Gelon der eigentlich Angreifende war und des Theron Zug gegen Terillos nur ein Hilfsunternehmen gewesen wäre. Wenn ihn nun aber wirklich eine Partei in Himera herbeirief, so kann das keine republikanische Partei gewesen sein, die sich vom Tyrannen befreien wollte,[20]) es wird sich aber auch nicht um die gewöhnlichen Streitigkeiten zwischen Aristokraten und Demokraten gehandelt haben; denn diese ruhten unter dem Regiment eines Zwingherrn. Es handelte sich also sicherlich um andere Fragen, und am nächsten liegt hier doch anzunehmen, dass dies die nationale Frage war, der Gegensatz zu dem Phönikier- oder vielmehr Karthagertum des Westens. Herodot, der bestrebt ist, alle diese Dinge, die Ergebnisse sicherlich lang ausgesponnener diplomatischer Verhandlungen, in einige kurze, dramatische Momente zusammenzufassen, weiss zu berichten (VII 165) Gelon, mit dem eben die bekannte Gesandtschaft der Hellenen vom Isthmos wegen der Hilfe gegen Xerxes verhandelt hatte, sei, wie „die Bewohner Siciliens" angaben (natürlich! man konnte es doch nicht später auf dem einheimischen Fürsten sitzen lassen, er hätte sich nicht auch gerne an den Ruhmesthaten der Hellenen beteiligt), bereit gewesen, auch unter lakedämonischem Oberbefehl den Hellenen zu helfen, wenn nicht der von Theron gerade um diese Zeit vertriebene Terillos 300 000 Phönikier, Libyer, Iberer, Ligurer, Elisyker, Sarden und Korsen unter dem Oberbefehl des karthagischen „Königs" Hamilkar, des Sohnes des Hanno, zur Hilfe herbeigezogen hätte. Dieser habe sich durch die Gastfreundschaft mit Terillos und hauptsächlich durch die Bereitwilligkeit des Anaxilas bestimmen lassen, der dem Hamilkar seine eigenen Kinder als Geiseln übergab. Es leuchtet ein, dass bei einem so gewaltigen Kriegszug, wie es der karthagische damals war, nicht bloss solch persönliche Beziehungen schliesslich die Kugel zum Rollen brachten, sondern dass es tiefer liegende und schwerer wiegende Ursachen waren, die gerade jetzt wieder einen jener Zusammenstösse der beiden Gewalten herbeiführten, die sich auf Sicilien gegenüberstanden. So glauben wir Theron's Einschreiten in Himera auffassen zu müssen: es geschah im Hinblick auf Karthago und hatte zunächst mehr defensiven als offensiven Charakter; denn schwerlich hätte er ohne Not die für Akragas so lohnenden Handelsverbindungen mit Karthago durch einen Krieg zerrissen; es geschah aber auch im Einverständnis mit Gelon, ohne den Theron befürchten musste, in Himera zwischen zwei Feuer zu geraten.

Karthago war, soweit wir sichere Nachrichten haben, mit den Griechen in Sicilien zuletzt zusammengestossen aus Veranlassung des Zugs, den der Spartaner Dorieus kurz vor 500 v. Chr. unternommen hatte. Nach dem, was uns Diodor (IV 23) und Herodot (V 43) über diesen berichten, wollte dieser Spartiate königlichen Geblüts als Heraklide das Land in Besitz nehmen, das sein Ahnherr Herakles einst dem mythischen Eryx im Ringkampf abgewonnen und dann den Landesbewohnern zur Nutzniessung überlassen hatte (Paus. III 16. 4 f.), d. h. er wollte wohl am Eryx mitten zwischen Elymern und Phönikern eine Niederlassung des Namens Heraklea gründen und hatte damit auch ohne Zweifel schon begonnen. Ein Kampf entbrannte. Diodor lässt die Karthager Ueberflügelung ihrer eignen

[20]) Es müsste denn etwa sein, dass man sich von dem Edelmut des Theron zu viel versprach, oder meinte, die Herrschaft des ferner wohnenden Tyrannen sei der des einheimischen vorzuziehen.

Stadt (d. h. doch wohl nur ihrer sicilischen Städte) durch das neue Herakleia befürchten. „Ein schwerer Kampf entbrannte, in dem lange und mit wechselndem Erfolg um den Sieg gestritten ward" (Justin. IX 1, 9 und IV 2, 6). Auf der einen Seite stehen die Phöniko-Karthager und die Elymer, auf der andern die Eindringlinge und die Hellenen von Selinus.[21]) Der Kampf endete für die Griechen unglücklich: Doricus und die meisten der Seinen fielen.[22]) Der Rest zog mit Euryleon, einem seiner Begleiter nach Herakleia Minoa ins Gebiet von Selinus. Die Geschichte weiss von verschiedenen Tyrannen zu berichten, die über diese Stadt damals herrschten: ein Peithagoras, den Euryleon stürzte und ersetzte, worauf auch dieser getötet wird. Dann bemächtigt sich bei Polyän (I 29, 2) ein Theron der Tyrannis; auch er muss wohl in dieselbe Zeit, sei's vor, sei's nach den andern gesetzt werden. Jedenfalls erscheint nun aber Selinunt bei dem Krieg mit Hamilkar (um 480) entschieden in Abhängigkeit von den Karthagern. Man hat dies verschieden erklärt. Nach den einen (so namentlich Freeman (II S. 433) haben die Karthager nach der Vernichtung des Doricus durch die Segestäer die Lage der Dinge benützt. Nach Freeman ist das bei Diodor (IV 23) genannte Herakleia, das die Karthager aus Eifersucht zerstören, nicht ein von Doricus begründetes am Eryx, sondern Herakleia Minoa, die Stadt des Euryleon; diese wird von Grund aus vertilgt. Dabei sei nun auch Selinunt den Siegern unterthan geworden. Und in der That hat diese letztere Annahme vieles für sich. Wenn Benndorf in seinem Werke über die Metopen von Selinunt (S. 8) meint, die Selinuntier seien in der Schlacht bei Himera ihrer sonstigen Gewohnheit entgegen auf Seite der Karthager aus Erbitterung gegen Gelon gestanden, der ihre Mutterstadt, das hybläische Megara, zerstört hatte (Herod. VII 158), so ist doch in Betracht zu ziehen, dass gerade der griechische Teil von Megara's Bevölkerung der Bürgerschaft von Syrakus einverleibt ward und auf griechischer Seite focht, so dass die Selinuntier ihren eigenen Landsleuten gegenübergestanden hätten. Vor der Schlacht ferner verlangt Hamilkar Reiter von den Selinuntiern wie von Untergebenen, und nach der Schlacht finden wir keine Spur davon, dass sie etwa von den siegreichen Hellenen bestraft worden wären, wie die Thebaner nach der Schlacht bei Plataiä. Höchstens könnte etwa Herakleia Minoa, das Herodot (V 46) eine Kolonie der Selinuntier nennt, bei dieser Gelegenheit in den Besitz der Akragantiner übergegangen sein, in dem es — allerdings viel später — erscheint.

Auf den Krieg, der durch das Erscheinen des Doricus auf sicilischem Boden entfacht wurde, lässt Freeman dann (l. l.) noch einen weiteren folgen, auf den nach seiner Auffassung Gelon hindeutet in seiner Antwort an die Gesandten der hellenischen Staaten (Herod. VII 158). Als durch das Auftreten der Karthager das ganze griechische Sicilien bedroht war, will Gelon als Retter und Rächer auftreten. Vergebens zwar wendet er sich an Alt-Griechenland um Hilfe. „Dennoch aber hindert er oder auch andere Verteidiger Ost-Siciliens, am wahrscheinlichsten Gelon als Stellvertreter eines seiner Vorgänger in der

---

[21]) Die Regelmässigkeit, mit der Selinus ins Feld geführt wird, wenn auf der anderen Seite Phöniker und namentlich Segesta stehen, macht freilich bedenklich, ob es sich da nicht um eine jener typischen Aufstellungen handelt, die mit geschichtlicher Wahrheit oft wenig zu thun haben. Das scheint aber doch aus der Ueberlieferung hervorzugehen, dass diese exponierteste, westlichste Griechenstadt im Verhältnis zu den Rassefreunden ein unruhigeres Temperament zeigt als z. B. Akragas, vielleicht mehr Mut und Verwegenheit, aber weniger Vorsicht.

[22]) Bei dem Tod des Doricus erscheinen zumeist die Segestäer beteiligt, s. Paus. III 16, 5 u. Herod. VII 158.

Tyrannis, das Unwetter weiter ostwärts vorzudringen. Er erlangt sogar durch Verträge gewisse Handelsvorteile, die für Alt-Griechenland nicht weniger als für Sicilien von Vorteil sind". Selinunt aber zu befreien gelang ihm nicht. Ob die Angaben, die Herodot den Gelon machen lässt, auf geschichtlichen Grundlagen beruhen, ist natürlich äusserst zweifelhaft, auch geschieht einer Beteiligung von Akragas dabei in keiner Weise Erwähnung. Jedenfalls aber ist das wenigstens klar, dass die Lage eine solche war, die den Argwohn eines umsichtigen Fürsten erwecken musste, auch wenn in der That, wie Meltzer annimmt, der Kriegszug von den Karthagern nicht von langer Hand vorbereitet war. Es muss, wie man zu sagen pflegt, „etwas in der Luft gelegen sein". Mit dem Heraustreten der karthagischen Politik aus friedlichem Verhalten, auch wenn sie erst kurz vor dem Kriegszug erfolgte, war jedenfalls ein Wechsel in den leitenden Familien verbunden; man knüpfte lebhafteren Verkehr mit karthagisch gesinnten Hellenen an, die nirgends fehlen mochten. All dies sind Dinge, die bei der engen Handelsverbindung zwischen den sicilischen Hellenenstädten und Karthago in jenen nicht unbekannt bleiben konnten. So erfolgte die Besetzung von Himera durch Theron als vorbeugende Massregel im Einvernehmen mit Gelon.

Wir können die Frage, ob etwa Karthago auf Anregung des Perserkönigs[23]) oder aus eigenem Antrieb auf kriegerische Gedanken gekommen sei, bei Seite lassen, ebenso die, ob der Feldzug im Jahr der Schlacht bei Salamis oder schon früher stattfand. Bei Beginn des Kriegs stand alles, was westlich der Linie Himera-Akragas lag, den Hellenen unter Theron und Gelon feindlich gegenüber. Der syrakusanische Fürst ist der mächtigere an Streitkräften; ihm fällt zumal nach der wohl syrakusanisch gefärbten Ueberlieferung die Hauptrolle zu. Theron hat den ersten Stoss auszuhalten. Er ist in dem von ihm besetzten Himera, als der Feind mit einer Landmacht von 300 000 Mann naht und Himera einschliesst. Es ist die stereotype Truppenzahl, die nach der einen Ueberlieferung die grossen karthagischen Heere gewöhnlich haben. Der Kritiker Timaios giebt sonst des öfteren kleinere Zahlen an; hier nicht, hier darf offenbar der Glanz der hellenischen Waffenthat nicht geschmälert werden. Zum erstenmal erschien in Sicilien – eine Neuerung des grossen Mago[24]) – ein bunt gemischtes Söldnerheer, aber nicht ohne ein Korps karthagischer Bürger. Ein doppeltes Lager wird geschlagen, eines mit Graben und hölzerner Mauer befestigt, für die Hauptmacht, die ganze Westseite der Stadt umfassend, und mit ihm zusammenhängend ein anderes nördlich von der Stadt am Strand, wo die Kriegsschiffe ans Ufer gezogen waren; nur 20 Kriegsschiffe wurden zu jeweiligem Bedarf unter Segel gehalten. Die Landmacht bestand nur aus Fussvolk; die Reiter und Streitwagen waren mit den sie tragenden Transportschiffen auf der Fahrt einem Sturm zum Opfer gefallen. Die Ostseite der Stadt, da wo der Himerafluss sie bespült (der fiume grande) war frei geblieben. Hamilkar machte sich auf eine längere Dauer der Belagerung gefasst; er liess allen Proviant aus den Transport-

---

[23] Bei Diodor XI 20 ff beginnen die Karthager den Kampf συνειθήμεναι πρὸς Πέρσας τοῖς αὐτοῖς χρόνοις, καταπολεμήσειν τοὺς κατὰ τὴν Σικελίαν Ἕλληνας; Justin XIX 1. 10 weiss zu erzählen, dass Gesandte des Darius nach Karthago kommen adferentes edictum, quo Poeni humanas hostias immolare et canina vesci [...] mortuorumque corpora cremare potius quam terra obruere a rege jubebantur, petentes si[multa] auxilia adversus Graeciam, cui inlaturus bellum Darius erat.

[24] s. Meltzer, Gesch. d. Karth. I, S. 195. Meltzer folgt Justin XIX. 1. 2. nach dem Hamilkar, der bei [Himera] gefallene, ein Sohn des Mago ist, während ihn Herodot VII 165 einen Sohn des Hanno nennt. S. dem [...] bei Bohn II S. 421.

schiffen schaffen und diese gleich wieder in See gehen, um neuen aus Libyen und von Sardinien zu holen. Mit den besten Truppen zog er vor die Mauern und schlug himeräische Mannschaften, die einen Ausfall machten, mit Verlust zurück. Dies entmutigte die Verteidiger, und Theron, der doch genügende Mannschaft bei sich hatte, sandte um Hilfe zu Gelon nach Syrakus. Auch liess er die Stadtthore zumauern. Damit schliesst nach der gewöhnlichen Ueberlieferung (Diodor. XI 20—22) die Stelle des Theron: Gelon, der seine Macht schon vorher bereit gehalten hatte, kommt und übernimmt die Führung. Die ganze Lage der Dinge bekommt ein anderes Gesicht, der verlorne Mut stellt sich wieder ein; Gelon vernichtet das karthagische Heer, Hamilkar wird nach der Ueberlieferung des Diodor (XI 22) von Gelons Reitern gleich anfangs erschlagen, während Herodot (VII 167) sich von Karthagern erzählen liess, Hamilkar habe sich, als er die Seinen weichen sah, freiwillig in die Flammen des Altars gestürzt, an dem er opferte. Von einem Sieg des Gelon und des Theron spricht nur Herodot (VII 166). Ohne Zweifel ist in dieser Zurücksetzung des Theron der Einfluss der syrakusanischen Ueberlieferung zu erkennen, die vielleicht sich unter Hieron I so gestaltet hat, als das Verhältnis des Herren von Syrakus zu den Emmeniden nicht mehr das freundliche war wie unter Gelon. Einige wenige Spuren scheinen aber doch darauf hinzuweisen, dass Theron energischer am Kampfe sich beteiligt hat, als es scheinen könnte. Schon die Besetzung Himera's spricht dafür, aber auch einige verlorene Stellen bei Justin und bei Polyaen. Jener spricht (IV 2, 6) von einem langen wechselvollen Krieg, den die Karthager um die Herrschaft Siciliens mit den Tyrannen der Insel führten und der mit dem Untergang Hamilkars und seines Heeres endete. Diese Tyrannen können doch nur Gelon und Theron sein. Polyän (I 28) erzählt von einer Kriegslist des Theron, der den Karthagern eine Schlacht lieferte. Die siegreichen Sikelioten drangen ins karthagische Lager ein, um die Zelte zu plündern; da fielen die Iberer über sie her und brachten ihnen schwere Verluste bei, worauf Theron eine Abteilung sandte, sie zu umgehen und die Zelte in ihrem Rücken anzuzünden. Die Feinde, ihrer Zelte beraubt, fliehen erschreckt zu den Schiffen, und auf der Flucht werden die meisten niedergehauen. Das mag eine Episode aus der Belagerung von Himera sein oder nicht. Jedenfalls zeigt es, dass die Rolle des Theron dabei keine so unbedeutende war, wie sie ihm von den Quellen des Diodor zugeschrieben wird. Aber wir sehen hieraus auch, dass der Krieg nicht so einfach und rasch verlief, wie es besonders nach der Erzählung Diodor's scheinen könnte: die Ueberlieferung liebt es eben, solche Ereignisse in ein Bild von dramatischer Kürze zusammenzudrängen.[25])

Nach der Schlacht findet die Sammlung und Verteilung der Beute statt. Auch hier ist bei Diodor (XI 25) Gelon allein der Handelnde und Bestimmende: die Tempel von Syrakus sollen hauptsächlich mit den schönsten Beutestücken geschmückt werden, vieles

---

[25]) Die Erzählung des Polyän hat eine gewisse Aehnlichkeit mit der von Frontin. III 10, 5 berichteten Kriegslist des Himilko vor Akragas. Auch die von Polyaen. I 27, 2 f. mitgeteilte List des Gelon, der der karthagische Feldherr Himilkon zum Opfer fiel, könnte auf eine frühere Periode des Kriegs bezogen werden. Ein gleiches geschah bekanntlich auch schon mit dem, was Herodot VII 158s den Gelon über die Bekämpfung der Karthager sagen lässt; dann wäre Herodot hier im Widerspruch mit dem, was er selbst (VII 166) über die Gleichzeitigkeit der Schlachten von Himera und von Salamis behauptet. Der Krieg mit Karthago hätte dann schon beendigt sein müssen, als die Gesandten der Hellenen zu Gelon kamen. Diodor (XI 24) lässt übrigens die Schlacht in Sicilien nicht mit der Schlacht bei Salamis, sondern mit den Kämpfen in den Thermopylen gleichzeitig stattfinden.

erhalten auch die von Himera. Die Gefangenen werden nach Verhältnis der gestellten Kontingente unter die Bundesgenossen verteilt. Die Städte lassen sie in Fesseln schlagen und verwenden sie zu öffentlichen Arbeiten. Gross ist die Menge der Gefangenen besonders, die auf Akragas entfällt, und sie schmücken mit ihnen ihre Stadt und ihr Land. Die Zahl ist so gewaltig, dass manche Privatleute deren 500 hatten. Der reiche Anteil an den Gefangenen, der die Akragantiner traf, rührte nicht bloss von der grossen Menge der Krieger her, die sie zum Kampf entsandt hatten, sondern besonders auch daher, dass zahlreiche Feinde ins Binnenland versprengt wurden und zwar besonders ins Gebiet von Akragas, das weit nach Norden reichte, und diese gerieten nun alle in die Gewalt der Bürger. Die meisten nun wurden Staatssklaven, und von diesen mussten die einen Steine zuhauen, die teils zum Bau der grössten Göttertempel verwendet wurden, teils zur Anlage unterirdischer Kanäle behufs der Ableitung der Wasser aus der Stadt, ein staunenswerter Bau, der aber wegen der geringen Kosten, die er verursacht hatte, weniger Beachtung fand. Aufseher dieser Bauten war ein Mann mit dem Beinamen Phaiax. Der Ruf, dessen sich sein Werk erfreute, bewirkte, dass die Abzugskanäle nach ihm Phaiaken genannt wurden. Die Akragantiner legten aber auch einen stattlichen Teich an von sieben Stadien und einer Tiefe von 20 Ellen. In diesen wurden Flüsse und Quellwasser geleitet, und es entstand so ein Fischteich, in dem es allerlei Arten von Fischen gab, die teils die üppigen Tafeln der Akragantiner zierten, teils den Beschauern Freude machten; auch eine Menge von Schwänen hatte sich auf dem Teich niedergelassen, und so bot er einen erfreulichen Anblick dar. In der späteren Zeit freilich ward er vernachlässigt und verschüttet und ging mit der Zeit gänzlich zu Grunde. Ihr ganzes fruchtbares Gebiet aber bepflanzten die Akragantiner mit Reben und allerlei Bäumen und bezogen so reiche Einkünfte daraus.

Was wir hier mitteilten, sind die Worte Diodors (XI 25), mit denen er die Folgen der Schlacht schildert; dies müsste wenigstens aus dem Zusammenhang, in dem die Stelle sich findet, erschlossen werden. Auch hier fällt sofort auf, dass des Theron mit keinem Worte gedacht wird. Und doch gehört die Entfaltung einer grossartigen Bauthätigkeit mit zu dem, was von einem Fürsten wie Theron unbedingt erwartet wird. In der That dürfen wir unbedingt annehmen, dass jene grossartigen Bauten, die Diodor erwähnt und deren Reste der Stätte des alten Akragas einen so unvergleichlichen Reiz verleihen, unter Theron begonnen, wenn auch nicht alle vollendet wurden. Die grosse Menge der Gefangenen, deren Arbeitskraft diese Werke schuf, wird zwar die Regierungszeit des Theron (er starb 472, vielleicht schon 473 s. Holm I S. 242) noch überdauert haben, aber wohl nicht allzu lange. War doch das Leben dieser gefesselten Arbeiter ein mühseliges und höchst aufreibendes. Freilich jene Ode Pindars auf den Flötensieg des Midas (Pyth. 12), in der er Akragas die glanzliebende, schönste der Menschenstädte nennt auf dem schön bebauten Hügel an den Ufern des schafenährenden Akragas, die Böckh (II S. 343) in die Zeit der Republik vor Theron's Aufkommen verlegt, zeigt, dass der Ruhm der Stadt und ihrer Schönheit schon aus früherer Zeit stammt. Die eigentliche Glanzzeit, die grossartige Bauthätigkeit beginnt aber doch wohl unter Theron, und die Schönheit, die Pindar (Pyth. XII) preist, kann ebensowohl auch die der natürlichen Lage sein. In der That, damals trafen alle Bedingungen zusammen: ein unternehmender Fürst, das gehobene Selbstgefühl der siegreichen Bürger, das ja so gerne bei südlichen Völkern in die Schaffung prächtiger Kunstwerke sich umsetzt, die billige Arbeitskraft der Gefangenen, zuströmender Reichtum. Nicht umsonst wurden „von Gelon", den auch hier Diodor stets allein nennt (XI 26), den Karthagern sehr milde Friedensbedingungen gewährt. So lebte wohl der frühere Handelsverkehr rasch wieder auf; die Karthager müssten ja kein Kaufmannsvolk gewesen sein, wenn sie dies nicht selbst gewünscht hätten. Freilich beendigt wurden diese grossartigen Werke unter Theron nicht alle, sondern zumeist wohl erst in den Tagen der Freiheit, und so sprach die Ueberlieferung, die ja ohnehin den Theron gerne verschweigt, nur von den Werken der Akragantiner, nicht von denen Therons. Auf eine spätere Zeit bezieht sich die Schilderung Diodor's ja jedenfalls auch sonst mit, so das, was er von den späteren Schicksalen des grossen Teichs sagt. Auch die Bepflanzung des Stadtgebiets mit Reben und Bäumen fand sicher nicht bloss gleich nach der Schlacht bei Himera statt und jedenfalls so ausschliesslich nur im eigentlichen Stadtgebiet, nicht in der ganzen von Akragas abhängigen Landschaft; hier hat der Getreidebau nach wie vor eine grosse Rolle gespielt, und nach wie vor hat die Getreideausfuhr eine der Hauptquellen von Akragas' Reichtum gebildet. Es ist wohl möglich, dass der Handel mit Wein und Öl nach Afrika durch den Friedensschluss eine Förderung erfuhr und lebhafter wurde, als er vor dem Kriege gewesen, manche Spuren zeigen ja, dass man derartige Dinge bei Abschluss von Verträgen wohl zu berücksichtigen verstand.[26] Getreide kam wie von ganz Sicilien, so auch von Akragas nach Osten, ins hellenische Mutterland und besonders nach Athen. Dies zeigen die attischen Vasen, die im Austausch für das Getreide eingeführt wurden,[27] dies aber auch der Münzfuss, der von Anfang an der attisch-euböische war (s. Holm III S. 563).

Wir werden von den grossartigen Bauten, von dem ganzen Städtebild, wie es sich von jetzt an darbot, weiter unten zu sprechen haben. Wir sahen, dass mit ihnen der Name des Theron weniger unmittelbar in der Ueberlieferung verknüpft ist. Um so mehr ist dies aber der Fall bei den Werken der Dichter, den einzigen litterarischen Quellen zugleich, die wir aus jener Zeit selbst für seine Geschichte noch haben. Es ist ja bekannt, wie am Hofe des Hieron I (478—466), des Bruders und Nachfolgers von Gelon in Syrakus, die Weisen und Dichter jener Zeit, auch die des Mutterlands verkehrten; sie sollten seiner Regierung, die der seines Vorgängers sonst nicht in allem ebenbürtig war, einen besondern Glanz verleihen. Simonides, Bakchylides, Pindar, Äschylos lebten eine zeitlang am Hofe von Syrakus oder kamen zum Besuch von Hellas herüber. Simonides und Äschylos beschlossen ihr Leben in Sicilien, und man zeigte hier ihre Grabdenkmäler. Jener Glanz nun strahlte in vollem Masse auch auf Theron hinüber, nicht auf ihn allein, auch auf sein Haus und seine Familie. Wie andere Fürsten von Hellas, wie viele Angehörige der reichen und vornehmen Familien, so that auch das Haus des Theron durch Zucht edler Rosse sich hervor, mit denen es bei den grossen Festen der Hellenen, besonders in Olympia, sich um die Siegespalme bewarb. Ganz Akragas war ja durch seine Rosse berühmt: noch Virgil (Än. III 703 f.) lässt seinen Äneas der karthagischen Königin berichten, wie er an Siciliens Küste vorübersegelnd Akragas schaute, das hochragende mit seinem mächtigen Mauerzug, einst die Heimat feuriger Rosse. Diese Siege wurden von den Städten gefeiert, deren Glanz sie erhöhten, und ihr Andenken wurde durch die Siegeslieder verewigt, die bei diesen

---

[26] Man denke an das τὰ ἱμάτια ἐκτελέσαις in der Rede des Gelon Herod. VII 158.
[27] Nicht bestimmt überliefert wird, was von Afrika zum Austausch für Öl und Wein nach Akragas gelangte. Holm II S. 87 sagt, dass dafür „die afrikanischen Waren", d. h. namentlich Gold und Elfenbein, eingeführt wurden.

Festfeiern zuerst ertönten. Die von den Fürsten umworbenen Dichter traten vielfach in freundschaftliche Beziehungen zu ihnen und erfreuten sich ihrer Gastfreundschaft und Freigebigkeit. Manche, wie Simonides, scheinen auch für bestimmte Honorare gearbeitet zu haben. Von Pindar, der 15 Siegeslieder dichtete, die sich auf Sikelioten beziehen, wissen wir, dass er 474 selbst zu einem Besuch nach Sicilien kam einer Einladung Hieron's folgend. Aber „in ebenso freundlicher, vielleicht noch freundlicheren Beziehungen stand Pindar zur Familie des Herrschers zu Akragas" meint Holm (I S. 220). Dies scheint fast noch mehr bei Theron's Bruder Xenokrates als bei Theron selbst zuzutreffen. Diesem letzteren sind das 2. und 3. der olympischen Lieder gewidmet. Sie feiern einen Sieg, den ein Wagen des Theron in Olympia bei der 76. olympischen Feier erlangte (a. 476 v. Chr.). Den Sieg selbst behandelt Pindar ja in seinen Liedern nur kurz; aber er stellt den Mann, der ihn errungen, in den grossen Zusammenhang des allgemeinen Menschenschicksals; er giebt ihm die Thaten und die Geschicke von Göttern und Heroen zum Hintergrund und seine tiefsinnige Betrachtung verweilt bei den Fäden, die von der grauen mythischen Vorzeit zum hellen Licht der Gegenwart führen; Weisheitssprüche, auch Warnungen und Mahnungen für den Gefeierten knüpfen sich daran. So wird Theron gepriesen (Ol. II), der gerechte Hort der Fremdlinge, die bei ihm gastliche Aufnahme finden, die starke Wehr von Akragas, berühmter Ahnen städtebeglückender Spross. Nach widrigen Schicksalen hat sein Geschlecht in der geheiligten Stadt am Fluss eine Ruhestatt gefunden und sie wurden hier das Auge Siciliens, ein Leben wurde ihnen beschieden, wie das Schicksal es wollte, das ihnen Reichtum und Beliebtheit zu echten (eigenen?) Tugenden hin spendete. Möge der Kronide Wohlgefallen an des Dichters Lied finden und gnädig den Besitz der heimischen Flur auch noch dem kommenden Geschlecht vergönnen. Geschehenes kann nicht ungeschehen gemacht werden, aber überstandenes Unglück wird über späterem Glück vergessen. Dies macht der Dichter anschaulich, indem er weit in die Vorzeit zurückgreift und auf den Glückswechsel in des Kadmos Haus hinweist, von dem die Emmeniden ihre Abkunft herleiten, und so kommt es dem Sohne des Ainesidemos zu, vom Saitenspiel des Sängers verherrlicht zu werden. Hat doch in Olympia er selbst, in Pytho und auf dem Isthmos sein Bruder mit dem Viergespann gesiegt. Reichtum mit Tugenden geziert bringt tiefe Erkenntnis: wem er beschieden ist, der weiss, dass den Frevler nach dem Tode die Busse erwartet, aber auch ebenso, dass dem Guten im Jenseits ein seliges Dasein beschieden ist. Wer aber dreimal die Lebensbahn ohne Fehl durchwandelt, der wird auf den Inseln der Seligen in Gemeinschaft mit den Helden der Vorzeit ein Leben voll Wonne führen. Noch viele Pfeile hat der Dichter im Köcher bereit, aber nur einen noch will er versenden, und dessen Ziel soll Akragas sein. Aufrichtigen Herzens will er das eidkräftige Wort verkünden: in hundert Jahren hat keine Stadt einen Mann hervorgebracht, dessen Herz wohlwollender und dessen Hand freigiebiger war als die Therons. Mit Unrecht hat sich gegen seinen Ruhm Missgunst und Anfechtung wahnwitziger Menschen erhoben. Kann man doch die Freuden, die er anderen bereitete, so wenig zählen als den Sand am Meer.

Dies ist kurz der Inhalt der 2. olympischen Ode Pindars, die nach Böckh in Sicilien bei der Feier des Sieges vorgetragen wurde. Dasselbe ist von der dritten anzunehmen, die sich auf denselben Sieg bezieht (s. Böckh in der Einl. zu Ol. III in den Explicationes) und wohl bei dem zu Ehren der Dioskuren (sonst des Apoll) gefeierten Feste der Theoxenien gesungen ward. In dem Liede wünscht sich Pindar, er möge sich das Wohlgefallen der

Tyndariden (d. h. eben der Dioskuren) und ihrer schöngelockten Schwester Helena erwerben mit dem Lied auf das herrliche Akragas und Theron's olympischen Sieg. Weit ausholend spricht dann der Dichter von Pisa, vom Siegespreis und seiner Stiftung durch Herakles, der zu diesem Feste sich froh vereint mit den Zwillingssöhnen der Leda. Denn ihnen hat er, als er zum Olymp emporstieg, die Obhut über die Wagenkämpfe beim Fest übertragen. Sie haben auch nach des Dichters Ueberzeugung den Emmeniden und Theron Ruhm und Sieg verliehen, weil diese am meisten von allen Sterblichen mit gastlichen Schmäusen sie ehren. Wie das Wasser das Beste ist und das Gold das köstlichste Besitztum, so hat auch Theron jetzt mit seinen angestammten Tugenden das höchste Ziel (gleichsam die Säulen des Herakles) erreicht. „Darüber hinaus finden weder Kluge noch Thoren den Weg. Ich werde ihn nicht suchen, ich wäre sonst ein Thor". Zwei andere Lieder sind dem Xenokrates geweiht, des Theron Bruder, aus Anlass eines pythischen (493) und eines isthmischen Siegs (vor 476), die er errang. In beiden Liedern tritt neben Xenokrates in den Vordergrund sein Sohn Thrasybul. Beim pythischen Sieg hat er den Vater unterstützt, ja er war vielleicht der eigentliche Sieger, der die Ehre des Siegs auf den Vater übertragen d. h. diesen als Sieger nennen liess. Das zweite Lied ist nach dem Tode des Xenokrates verfasst; es spricht von diesem als von einem Verstorbenen. Dieser beiden Siege gedachte auch Simonides in einem Gedichte zum Lobe des Xenokrates (s. Schol. Ol. II princ. Böckh II 2 S. 296). Thrasybul wird in dem ersten Liede Pindar's Nestor's Sohn Antilochos zur Seite gestellt, der den Vater in der Schlacht als Wagenlenker diente. Glanzvoll trat er in des Vaters und Oheims Spur. Mit Verstand geniesst er seinen Reichtum, er erfreut sich seiner Jugend, ohne übermütiger Gewaltthätigkeit zu verfallen. Mit weisem Verständnis widmet er sich den Musen und mit eifriger Liebhaberei den Wettspielen mit Rossen. Im Verkehr mit Zechgenossen aber übertrifft seine Liebenswürdigkeit an Süssigkeit den Honig. In dem zweiten Gesang (Isthm. II) wird Thrasybul gleich direkt angeredet: in alten Zeiten, führt der Dichter aus, war die Muse noch nicht käuflich, jetzt aber ist die Losung: Geld, Geld macht den Mann. Dann fährt er fort, kein unbekannter Mann sei es, dessen isthmischen Sieg er jetzt verherrliche, Xenokrates, die Leuchte von Akragas, der aber auch auf Krisa's Gefilden (d. h. bei den pythischen Spielen) und in Athen schon gesiegt. Seine Eigenschaften werden dann gepriesen: er war liebenswert im Umgang, nach hellenischem Brauch ein Freund der Rossezucht, seine Gastfreundschaft kannte keine Ermüdung und keine Einschränkung. Thrasybul aber soll nicht des Vaters Eigenschaften, aber auch nicht diese Lieder verschweigen, die nicht dazu bestimmt seien, stumm zu bleiben. Das letzte fügt nach Böckh's Ansicht der Dichter bei, weil Thrasybul jetzt, da seine Verwandten nicht mehr die Herren von Akragas waren, als einfacher Bürger hätte fürchten können, durch das allzu verschwenderische Lob seines Vaters Anstoss zu erregen.

Es ist das Bild eines mit allen Vorzügen gezierten Fürstenhauses, das Pindar, wohl selbst Angehöriger eines Adelsgeschlechts,[28]) uns entwirft: der glänzende Herrscher Theron, der Hort von Akragas, ihm zur Seite der Bruder und dessen Sohn, die nach Kräften dazu beitragen, den Glanz und die Beliebtheit des Herrscherhauses zu erhöhen. Namentlich Xenokrates tritt uns als Idealbild des echten Edelmanns aus jener Zeit des „griechischen Mittelalters" entgegen, deren Ende jetzt gekommen war. Aber es scheint, dass gerade in

---

[28]) S. Bergk, Griech. Litteraturgeschichte II. S. 512.

den reichen Familien von Akragas man jenes Ideal noch lange festzuhalten bemüht war, von dem Rossezucht und schrankenlose Gastfreundschaft so wesentliche Bestandteile bildeten.[29]) Weniger Glück hatte nun aber Theron mit andern Verwandten; nicht nur durch seinen eigenen Sohn, sondern auch durch andere Angehörige erwuchsen ihm Schwierigkeiten. Dass seine Regierung überhaupt nicht in ungetrübtem Glanz verlief, das scheint auch aus Pindars zweiter olympischer Ode hervorzugehen: der Wunsch, das Emmenidenhaus möge im Besitz seiner Stellung bleiben, weist auf dunkle Wetterwolken hin, die der Dichter am Horizonte sieht; auf überstandne Verwicklungen weisen die Betrachtungen über den Glückswechsel hin. In der That blieb das Verhältnis zu Syrakus nicht das ungetrübte, das es in den schönen Tagen des Karthagerkriegs gewesen war. Eine Störung trat gleich nach dem Tode des Gelon (478) ein. Gelon hinterliess einen Sohn und drei Brüder, Hieron, Polyzelos und Thrasybulos. Da sein Sohn unmündig war, übertrug er die Regierung dem Hieron, Polyzelos erhielt die Vormundschaft über Gelon's Sohn und den Oberbefehl über die Truppen. Es scheint nun, dass Hieron den Bruder verderben wollte und dazu einen Krieg gegen die Sikeler oder eine Expedition nach Sybaris benützte. Da nun Polyzelos nach Hieron's Tod sich mit Gelon's Witwe Demarete, Theron's Tochter, vermählt hatte (offenbar eine kluge, von Gelon mit Rücksicht auf seinen Sohn getroffene Massregel), so nahm sich der Fürst von Akragas der Sache an, zu dem Polyzelos geflohen war, und es kam zu kriegerischen Massregeln. Schon standen die Heere am Gelafluss sich drohend gegenüber, da soll der Dichter Simonides den bedrohten Frieden durch vermittelnde Ausgleichung gerettet haben (Schol. Pind. Ol. II 29).[30]) Diodor (XI 48), der den Vorfall auch berichtet, weiss von der Vermittlung des Simonides nichts. Bei ihm aber und bei dem einen der Scholiasten erscheint auch des Theron Sohn Thrasydaios, dem die Verwaltung von Himera übergeben war, in die Sache verwickelt. Während aber der Scholiast nur erzählt, Thrasydaios habe den Polyzelos zur Empörung gegen seinen Bruder gereizt, findet sich bei Diodor eine andere Wendung. Die Himeräer leiden schwer unter dem harten

---

[29]) Wer von den anderen litterarischen Grössen, die entweder nach Sicilien von auswärts gekommen waren oder dort geboren waren, an Theron's Hof verkehrte, wissen wir nicht, namentlich ob Aeschylos, der in Gela gestorben sein soll, Beziehungen zu Akragas hatte. Von einem Theater in Akragas haben sich bis jetzt keine Spuren gefunden, auch lesen wir nur in der Erzählung bei Frontin III 2, 6 von einem solchen, wo aber offenkundig eine Verwechslung mit Katane vorliegt. So wissen wir auch nichts über etwaige Beziehungen von Epicharm zu der Stadt. Was Simonides betrifft, so nehmen bekanntlich die meisten an, er sei in Syrakus gestorben, und da er 4–5 Jahre nach Theron, ein Jahr vor Hieron, starb, so ist dies auch wahrscheinlicher. Freilich stimmt dazu wenig die Geschichte bei Suidas von dem akragantinischen Feldherrn Phönix, der sein Grabmal zerstört, um einen Turm daraus zu bauen, worauf dann gerade hier die Stadt eingenommen wird. Dass die Stadt, die zur Strafe für diese Gottlosigkeit erobert wird, nur Akragas gewesen sein müsste, hebt Holm hervor I S. 420.

[30]) Nach einer Scholienangabe l. l. wurde die Versöhnung dadurch vervollständigt, dass Hieron sich mit der Schwester des Thrasybulos, der Nichte Therons vermählte. Eigentümlich lauten die Worte derselben Scholienstelle an: ἐξηγόρει τῶν πραγμάτων τοῦ Ἱέρωνι, ὕστερον δὲ ἀπέλαβεν ἀπ᾿ αὐτοῦ τὴν τυραννίδα. Diese Worte müssen sich doch wohl auf Theron beziehen (s. Hahn I S. 419). Entfalten sie nicht einfach syrakusanische Grosssprecherei, so weisen sie auf eine viel gründlichere Demütigung des Theron hin, als sie sonst vorausgesetzt wird. Der Ton mancher Stellen bei Pindar Olymp. II würde dazu wohl stimmen. — Wenn Freemann (z. B. in der kleinen Geschichte Sic. übers. v. Rohnmeer, Leipzig 1895) von einer wirklichen Unterlieferung Himera's an Hieron spricht, so liegt das nicht in den Worten des Diodor, der nur von einem Anstoss (ἐπηγγέλλεται) spricht.

Regiment des Thrasydaios, und da sie vom Vater keine unparteiische Entscheidung erhoffen, so wenden sie sich an Hieron, der zuvor schon Vorbereitungen getroffen hatte, seinen zu Theron geflüchteten Bruder Polyzelos zu verfolgen. Hieron nun, nach der ihm günstig gesinnten Quelle des Diodor, will es zu keiner Störung des Friedens kommen lassen: er weist das Anerbieten der Himeräer, ihm ihre Stadt zu übergeben, zurück, er giebt sie dem Theron preis, indem er ihm Mitteilung von ihren Umtrieben macht. Als Theron sich von der Wahrheit seiner Angaben überzeugt hatte, versöhnte er sich mit Hieron, der also doch schon den Angriff gegen ihn begonnen haben muss und offenbar den Zwischenfall mit Himera als willkommene Gelegenheit zur Aussöhnung benützte. Dem Polyzel verhalf Theron wieder zur früheren Vertrauensstellung bei seinem Bruder. In Himera aber verhängte der milde, gastfreundliche Fürst über seine zahlreichen Gegner ein blutiges Strafgericht. Die Stadt war infolge davon so menschenleer, dass sich Theron bewogen sah, im darauf folgenden Jahre neue Ansiedler dorthin zu senden; Dorier und andere, die Lust hatten, erhielten das Bürgerrecht (476—75).

Aber noch andere Feinde traten — allem nach bei derselben Veranlassung — dem Theron in den Weg. Auch Pindar (Olymp. II 95 ff.) spricht von ungerechtfertigter Eifersucht und Missgunst, auf die er bei seiner Regierung stiess, und in den Scholien zu Pindar (Ol. II 29) ist von den Theron bedrohendem Verrat die Rede, vor dem Simonides ihn warnt. In Akragas lebten zwei Verwandte[31]) von ihm, Söhne des Xenodikos, eines Bruders von Emmenides (s. Holm I S. 418 f.) Diese waren es allem nach, die damals dem Hieron zu helfen bereit waren. Sie wurden von Theron vertrieben und setzten sich in Kamikos fest (Schol. Pind. Pyth. VI 4), dem Ort, wo einst des Königs Kokalos Töchter dem Minos nach der Sage den Tod bereitet hatten.[32])

Wenn alle diese Ereignisse zusammenfallen, so war es eine schwere Krise, die Theron in diesem Jahre (477 nach Böckh II 2 S. 119, vgl. Holm I S. 214) durchgemacht hat. Wohl mögen wir uns denken, dass er genötigt war, wie in Himera, so von jetzt an auch in Akragas die Zügel straffer anzuziehen. Wohl mögen ihn Sorgen erfüllt haben wegen der Zukunft seines Hauses, als im Jahre 472 (oder schon 473, s. Holm I S. 242 und 427) der Tod ihn ereilte. Den Verstorbenen, dessen Gerechtigkeit und offene Hand weit und breit gerühmt ward, ehrten die Akragantiner, indem sie ihm die Verehrung eines Heroen zuerkannten (Diod. XI 53 und Fragment von Buch X) und ein prächtiges Grabmal errichteten (Diod. XIII 86).

III. Ende der Tyrannenherrschaft. Blütezeit der Stadt.

Ist es ein Zufall oder Absicht, dass Pindar, der dem Bruder des Theron und dessen Sohne so herzliche Worte widmet, von Thrasydaios, seinem Sohne, der ihm jetzt auch in Akragas auf dem Throne folgte, schweigt? Von ihm sagt Diodor (XI 53), dass er schon bei Lebzeiten des Vaters gewaltthätig und grausam gewesen, jetzt aber nach dessen Tod ohne Rücksichtnahme auf das Gesetz, nach echter Tyrannenart über die Vaterstadt ge-

---
[31]) Schol. Pind. Ol. II 173 heissen sie ἀδελφοί. ibid. 8 συγγενεῖς.
[32]) Dieser Abschluss ist für unsere Vorstellung von der Sache keineswegs befriedigend. Kamikos, ob wir es nun östlich von Ribera oder bei Caltabellotta suchen, lag doch Akragas zu nahe, als dass Theron seine Gegner ruhig hier hätte lassen sollen. Wie stand es übrigens damals mit Selinunt und seinem Gebiet?

herrscht und deshalb rasch das Vertrauen seiner Mitbürger verloren habe. Bald nach dem Tode seines Vaters rüstete er ein Heer zu einem Angriff auf Syrakus, sei es dass er dem Garungsstoff im Innern nach Tyrannenart eine Ableitung nach aussen verschaffen wollte, oder dass er von früherer Veranlassung her den Hieron hasste. Er warb zahlreiche Söldner und hob zahlreiche Akragantiner und Himeräer aus. Mit dieser Macht, im ganzen über 20000 Mann, wollte er ausziehen gegen Hieron; aber dieser hatte schon seine Gegenrüstungen getroffen und zog gegen Akragas. Es kam zu einer blutigen Schlacht, und noch nie hatte ein Kampf von Hellenen gegen Hellenen zahlreichere Opfer gefordert, gegen 2000 Syrakusaner und über 4000 ihrer Gegner deckten das Schlachtfeld. Des Thrasydaios Macht war völlig erschüttert; er ward vertrieben und floh nach dem nisäischen Megara (auf dem Isthmos), wo der Spross des erlauchten Emmenidenhauses zum Tode verurteilt und hingerichtet wurde (Diodor. XI 53). Mit Akragas erlangte auch Himera die Freiheit; als Pindar den Sieg verherrlichte (Olymp. XII), den der wohl unter Theron dort eingewanderte Knossier Ergoteles 472 in Olympia im Wettlauf sich errang, da konnte er in der Einleitung des Lieds schon des Befreiers Zeus Tochter Tyche anrufen. Auch hier war die Herrschaft des Emmenidenhauses zu Ende. Ein Spross desselben durfte in Akragas wohnen bleiben: Thrasybulos, des Xenokrates Sohn. Die zweite isthmische Ode Pindars, die an ihn gerichtet ist, ward offenbar nach dem Sturz des Hauses gedichtet (s. Böckh, explic. zu Isthm. II; Holm I S. 243). Was ihn vor der Vertreibung bewahrte, war wohl nicht bloss seine Liebenswürdigkeit und Beliebtheit, sondern auch seine Verwandtschaft mit dem Herrscher von Syrakus. War ja doch dessen Einfluss zunächst der massgebende wie in andern Städten, so auch in Akragas. Diodor (XI 76) weiss von Leuten zu berichten, die später in ihre Städte zurückkehren, aus denen sie zu Hieron's Zeit vertrieben worden waren. Darunter nennt er auch Akragantiner, die ohne Zweifel in den Wirren nach Theron's Tod und zwar auf Hieron's Verlangen die Heimat hatten verlassen müssen. Wenn auch die Akragantiner nach jener unglücklichen Schlacht, nachdem sie die Volksherrschaft wieder hergestellt hatten (Diod. XI 53), von Hieron den erbetenen Frieden erlangt hatten, so wird er doch Mittel gefunden haben, seinen Einfluss in der von ihm besiegten Stadt auch fernerhin geltend zu machen, und gänzlich mag Akragas erst dann in den Genuss der Freiheit gelangt sein, als auch in Syrakus bald nach dem Tode des Hieron die Tyrannis gestürzt war (466). Thrasybul, der letzte der Brüder des Gelon, hatte sich hier zuletzt der Herrschaft bemächtigt und wurde nicht ohne Beihilfe von Gela, Agrigent, Selinunt und Himera von den Syrakusanern verjagt (Diodor. XI 68). Was für die spätere Tyrannis des Dionysios so charakteristisch war, die Zurückdrängung der einheimischen hellenischen Bürgerschaften durch Fremde, die in den Städten angesiedelt wurden, das setzt die Ueberlieferung (Diodor. XI 76) auch für diese Zeit schon voraus; überall wurden diese Fremden ausgetrieben und die Einheimischen wieder in ihre Rechte und Besitzungen eingesetzt (461). Es sei dabei sogar nach einem gemeinsamen Beschluss der Städte verfahren worden. Wenn dabei neben Gela und Himera besonders auch Akragas genannt wird, so stimmen freilich solche Bürgeraustreibungen in grossem Stil wenig zu dem traditionellen Charakter, der Theron's Herrschaft beigelegt wird, sondern eher zu dem kurzen Gewaltregiment des Thrasydaios, von dem ja auch die Anwerbung von Söldnern, also Fremden ausdrücklich berichtet wird.

So war denn also Akragas frei, und zwar nicht bloss von der Herrschaft der eigenen Tyrannen, sondern auch von dem Einfluss von Syrakus, unter den es durch des Thrasydaios

Unbesonnenheit geraten war. Einer weiteren gedeihlichen Entwicklung auf dem unter Theron so glücklich bereiteten Boden standen keine Schranken mehr entgegen; auch äussere Angriffe von Seiten der Karthager waren nach den Siegesthaten von 480 und nach der mit klug berechneter Milde erfolgten Wiederherstellung des Friedens nicht so bald zu befürchten. Wir suchen uns zunächst zu vergegenwärtigen, welches Bild die Stadt selbst jetzt bot, da sie dem Höhepunkt ihrer Entwicklung entgegenging. Nach unserer Auffassung war die von Phalaris befestigte Stadt auf den Raum der alten Burg, das jetzige Girgenti beschränkt.³³) Er drängte die alten Bürger hinaus, und diese, sowie spätere Zuzügler siedelten sich dann ausserhalb auf der südlich zwischen Hypsas und Akragas sich ausbreitenden Terrasse an, und diese neue Ansiedlung galt es jetzt zu befestigen und mit der alten Burg-Stadt zu verbinden. Dies war der Gang der Dinge ja auch bei so mancher mittelalterlichen Stadt, die zuerst als unbefestigter Ort zu Füssen eines festen Platzes entstand. Auch bei Rom wird es ja nicht wohl anders gewesen sein. Das grosse Werk der Befestigung der neuen Stadt und ihrer Verbindung mit der Burg ging dann von Theron aus, „dem Hort von Akragas", wie ihn deshalb Pindar (Ol. II 6) nennt. Nehmen wir an, dass Theron, wie es doch wohl das Natürliche ist, wie andere Tyrannen seinen Wohnsitz auf der Burg inmitten seiner Leibwächter hatte, so hatte er von hier den herrlichsten Ausblick auf die ihm unterthänige Stadt. Da und dort mögen die Häuser schon damals zwischen Baumanlagen, vielfach aber auch in den zahlreichen Senkungen des Bodens sich versteckt haben. Den Abschluss des Stadtbilds nach Süden aber bildete jene Terrainerhebung, wo jetzt noch das Auge die Ruinen der Tempel entzücken. Sicher war es das Werk eines planmässig arbeitenden Geistes, dieses ganze Plateau mit seinen Ansiedlungen mit der Altstadt, der Burg, in einer Befestigung zusammenzuschliessen und zu einer rationellen Stadtanlage umzugestalten. Die Natur mit ihren scharf abgerissenen Felsrändern half dazu und erleichterte die Befestigung. Manche Strecken, wo diese Felsränder aussetzen, waren vielleicht auch schon früher verschanzt, wie z. B. die Stelle südlich von S. Biagio, zwischen diesem und dem auf Schubring's Plan der Stadt mit Vella bezeichneten Terrainstück. Von dem Gesichtspunkt einer planmässigen Ausgestaltung der Niederlassung zu einer Grossstadt aus sind sicher auch die unterirdischen Kanäle zu beurteilen, die sogenannten Phäaken. Um ihre Erforschung hat sich Schubring (hist. Geographie von Akragas, Leipzig 1870 S. 38—44) das grösste Verdienst erworben. Er hat nachgewiesen, dass das weitverzweigte Netz dieser Kanäle, in denen wir doch sicherlich jene Phäaken zu erkennen haben,³⁴) der Wasserzufuhr in erster Linie dienten und von den Felsquellen im Norden hauptsächlich der Stadt das Wasser zuführten. Diodor dagegen behauptet, sie haben zur Abfuhr der Wasser aus der Stadt gedient (XI 25). Schubring betont mit Recht, dass diese Wasser jedenfalls nicht die Schmutzwasser gewesen seien, die in Cloaken abgeführt werden, sondern die nicht verbrauchten Wasser jener Leitungen. Diese wurden in den Terrainrinnen mit stärkerem Gefäll den Flüssen zugeleitet und so zugleich doch wohl auch verhütet, dass hier Krankheit erzeugende Wasseransammlungen stattfinden. So scheint diese ganze Anlage, deren

---

³³) Aehnliches scheint übrigens schon Fischer anzudeuten, antiquae Agrigentinorum historiae procemium, Berlin 1857, wenn er von der jetzigen Stadt sagt, sie sei klein, quippe quae se in istum locum receperit, ubi primum condita est, wobei er auf die Analogie von Syrakus und Ortygia hinweist.

³⁴) Dazu stimmt freilich nicht, dass Diodor XI 25 von zugehauenen Werksteinen spricht, aus denen die Kanäle gebaut wurden, während sie nach Schubring in die Felsen eingehauen sind.

— 30 —

Grossartigkeit, aber auch Billigkeit Diodor rühmt, mit zu den Werken zu gehören, die aus den Niederlassungen auf der Terrasse südlich der Burg ein zweckmässig eingerichtetes Gemeinwesen zu machen bestimmt waren. Die Wasserzufuhr und die „Sanierung" der niedriger gelegenen Teile war ihr Zweck. Diodor erwähnt dann unmittelbar, nachdem er von diesem Werke des angeblichen Phaiax³³) gesprochen, den berühmten Fischteich; auch später (XIII 82) redet er wieder von ihm, als er vor seiner Erzählung vom Untergang der Stadt den in ihr herrschenden Luxus schildert. Dieser Teich, der, wenn die von Diodor an beiden Stellen angegebenen Masse die auf dem olympischen Stadion beruhenden sind, einen Umfang von 1294,59 und die ansehnliche Tiefe von 9,25 m hatte, wird gewöhnlich an die Südwestecke der Stadt verlegt. „Hier ist der tiefste Punkt des Plateaus, welches sich hierher abdacht, hier munden unzählige Wassergänge" sagt Schubring (S. 29). Der Teich lag ausserhalb der Stadt, wie Diodor (XIII 82) mitteilt; er war also wohl auch nicht in das Verteidigungssystem hereinbezogen. Sollte er dem Vergnügen dienen, so musste er von Promenaden umgeben sein, die dem Seespiegel nahe lagen; das wäre wohl nicht der Fall gewesen, wenn er von allen Seiten mit 20 m hohen Felsen oder hohen Dämmen, die zugleich als Festungsmauern dienten,³⁴) eingeschlossen war. Ausserdem sagt Diodor, dass Flüsse und Quellwasser hineingeleitet waren. Nur Flüsse konnten die rasche Verschlammung des Beckens bewirken. Ohne Zweifel war der Hypsas oder ein Arm des Hypsas einer dieser Flüsse und war somit durch den Teich hindurchgeleitet. Wenn mit „Flüssen" die offenen Wasserläufe im Gegensatz zu den aus den gedeckten Leitungen kommenden Quellwassern gemeint sind, so könnte hier allerdings dann nur noch an einen offenen Wasserlauf gedacht werden, der dicht in der hinter dem Südrand des Plateau's, mit diesem parallel laufend, die von Norden kommenden Gewässer und Wasserleitungen aufnahm.. Wohl möglich ist aber, dass der Teich gar nicht so unmittelbar an der Stadtmauer lag, sondern etwas weiter entfernt. Uebrigens lag er auch da, wo der von Schubring (S. 39) genannte Girgentiner Pullicino ihn ansetzt, nämlich im Thal di S. Leonardo zwischen Fontana dei Canali und Ponte dei Morti, ausserhalb der Stadt, sobald man dem Mauerzug hier die Richtung giebt, die Freeman annimmt, nämlich südlich entlang des Thals di S. Leonardo vom Ponte dei Morti zur Südostecke der Burg.³⁵)

Zu dem Planmässigen, das die ganze Anlage der fertigen Stadt aufzuweisen scheint, gehört aber dann sicherlich auch die Errichtung der Tempel an ihrem Südrande. Es kann ja keine Rede davon sein, dass diese Anlage mit einem Schlag gleichsam auf den Wink eines mächtigen Herrschers erfolgte. Dies würde ja allein schon durch den Zeustempel widerlegt, den der Karthagersturm unvollendet traf. Aber der Plan, der Gedanke hier dem Südrand der Stadt eine so edle Zierde zu verleihen, den Tempeln der Altstadt im Norden hier die der Neustadt im Süden entgegenzustellen, weist auf einen behutsam abwägenden

³³) Schubring, hist. Geogr. S. 38, meint, dass eher die Person des Baumeisters Phaiax den Phaiaken gewissen Kindern seinen Ursprung verdanke, als umgekehrt.
³⁴) Bei der Zeichnung des Teichs, wie sie Schubring's Plan bietet, drängt sich uns unwillkürlich der Gedanke auf, dass die Südostecke der Stadt ein sehr gefährdeter Punkt der Befestigung gewesen wäre, wenn man den Damm gegen den Fluss zu durchbrechen und den Teich auslaufen zu lassen.
³⁵) Schubring I. l. S. 39 spricht Zweifel aus, ob die von ihm beschriebenen Wasserleitungen identisch mit den Wasserleitungen des Diodor. Dazu muss auch darauf hingewiesen werden, dass Diodor (XI 25) die besonders reichen Quellwasser nicht in Beziehung bringt zu jenen unterirdischen Kanälen. Wunderbar wäre es ja, wenn von einer so grossartigen Kloakenanlage keine Spur mehr vorhanden wäre.

Geist, auf ein ästhetisch geschultes Auge hin, das von Norden nach Süden zu schauen pflegte. Es war ohne Zweifel das Auge des auf der Burghöhe hausenden Herrschers.[38]) Auf der Burg, im jetzigen Girgenti sind es zwei Tempel, deren Reste man gefunden haben will und über die allem nach auch litterarische Nachweise vorliegen. Nach Polyän sollte auf der höchsten Höhe der Stadt ihrem Schutzgott, dem Zeus Policus, ein Tempel errichtet werden; auf diesem höchsten Punkte, wenn man von der rupe Atenea absieht, erhebt sich jetzt die Kathedrale S. Gerlando, die, wie Schubring mitteilt (S. 24), nach der Ueberlieferung auf den Substruktionen eines Tempels errichtet ist, dem er unbedenklich die aus dem Boden hervorragenden grossen Stufen und Quaderbauten zuweist. Dass dieser stadtschirmende Zeus derselbe ist, dem Polyb (IX 27) den rhodischen Namen des atabyrischen beilegt, wird jetzt kaum mehr bezweifelt. Unter den Schutz des aus Rhodos mitgebrachten Gottes stellte sich die zum guten Teil von Rhodiern gegründete Kolonie. Auf dem Gipfel der Burg stand nun aber nach Polyb (l. l.) auch ein Athenetempel, wie dies Strabo (XIV 2, 11) auch von Lindos berichtet. Dies könnte derselbe Athenetempel sein, dessen Bau dem Theron die Möglichkeit verschaffte, sich der Tyrannis zu bemächtigen. Freilich weiss Polyän (VI 51) nichts davon zu sagen, dass dieser Tempel auf der Burg stand; wahrscheinlich ist aber immerhin, dass es derselbe ist, den Polyb erwähnt.[39]) Gewöhnlich nimmt man an, dass es die Reste dieses Heiligtums sind, auf denen die älteste christliche Kirche von Girgenti, Sta Maria de'Greci sich erhebt, in der bis heute der griechische Ritus des Gottesdienstes sich erhalten hat. Im Keller der Kirche sieht man noch, in das Gotteshaus verbaut, die Strünke von acht Säulen und einige Stufen (s. Aus dem classischen Süden S. 44); sonstige Trümmer zählt Schubring auf (S. 26); nach diesem war der Tempel ein hexastylos peripteros, möglicher Weise mit dreizehn Säulen an den Langseiten und „stammt in der That aus der Zeit des Theron". Jedenfalls war er einer der Haupttempel der Stadt.

Zu dem Nordrand im weiteren Sinne ist nun aber wohl auch noch der Höhenzug zu rechnen, der vom Ostende der Burg aus sich allerdings nach Südosten zu wendet und der seine höchste Erhebung in der rupe Atenea hat. Hier müsste, wenn man die Worte des Polyb (IX 27) in ihrer strengen Bedeutung festhält, die Akropolis der Stadt gewesen sein. Dieser Punkt hat nun aber, wie schon erwähnt wurde, keinen Raum für grosse Tempel, höchstens für eine kleine Kapelle oder einen Altar, etwa des Flussgottes Akragas nach

---

[38] Für einen frühen Anfang der Tempelbauten spricht doch auch das Zeugnis Diodor's, der XI 25 sagt, dass von den durch die karthagischen Gefangenen behauenen Steinen die grössten Göttertempel errichtet wurden. Da müssten jedenfalls die Pläne entworfen werden und die Werksteine gebrochen und herbeigeschafft werden. Dazu zunächst bediente man sich der Gefangenen; die Bearbeitung und die Aufrichtung der gewaltigen Tempel nahm dann noch lange Zeit in Anspruch. Dies war auch das Werk nicht sowohl von eingefangenen ungeübten Kriegern, sondern von geschulten Werkleuten. Der Verfasser bedauert es aufs lebhafteste, dass es ihm nicht mehr vergönnt war, das Werk über die sicilischen Tempel von Koldewey und Püchstein zu seiner Arbeit zu benützen.

[39] Polyb IX 27 sagt: Auf dem Gipfel der Burg ist ein Tempel der Athene errichtet und des Zeus Atabyrios, wie auch bei den Rhodiern. Diese letzten Worte „wie auch bei den Rhodiern" müssen sich doch wohl auf die Vereinigung der beiden Tempel auf der Burg beziehen. Dann aber könnte man denken, dass auch der Bau des Athenetempels in die Gründungszeit der Stadt fällt; denn damals lag eine Uebertragung des rhodischen Brauches auf Akragas wohl am nächsten. Immerhin wäre denkbar, dass zunächst nur eine aedicula errichtet wurde, die man erst später durch einen grossen Tempelbau ersetzte. So auch Schubring l. l. S. 26.

Schubring's Vermutung (S. 23); denn in dieses Flusses, „des schafenährenden" Thal hat man von hier oben den schönsten Ausblick. Verfolgt man nun aber denselben Höhenrücken bis zu seinem südöstlichen Ende, so kommt man zu einer wichtigen Kultstätte des alten Akragas, dem Ort, wo mutmasslich jene Thesmophorien gefeiert wurden, die Phalaris benützte, um ein Blutbad unter den Bürgern anzurichten und sich der Stadt zu bemächtigen. Es ist der Tempel der Demeter und Persephone, den wir hier antreffen, eine Bezeichnung, deren Richtigkeit neuerdings durch Funde von Votivterracotten, Büsten der beiden Göttinnen, erwiesen wurde (s. Aus dem classischen Süden S. 44 nach Rizzo Riv. di stor. ant. S. 106). Es war nur ein kleineres Heiligtum, das aber von hier weit hinausschaute in die fruchtbare Landschaft, ein templum in antis, in dessen Cella — ein grosses Stück von deren Mauer nebst drei Stufen, auf denen sie ruht, und den Substruktionen sind noch erhalten — das Kirchlein S. Biagio hineingebaut ist. Trotzdem war es ein Heiligtum von grosser Bedeutung. War ja doch nach den Scholien zu Pindar (Ol. II 9) die Stadt Akragas von Zeus der Persephone als Morgengabe zu den Anakalypterien geschenkt worden und war ja doch der Dienst der getreidespendenden Göttin nicht bloss nach jener Erzählung von Phalaris uralt in Akragas, sondern so recht der Nationalkult von ganz Sicilien. Noch sind auch mit Pflaster und Stücken der Brüstung die Reste der heiligen Strasse vorhanden, auf der die Andächtigen von der Stadt zum Tempel hinaufzogen.

Noch andere Tempel mögen vorhanden gewesen sein. Diodor spricht (XIII 82) von solchen, die bei den oftmaligen Eroberungen der Stadt gänzlich zerstört wurden, während die noch in ihren Ruinen vorhandnen jedenfalls auch einmal die Beute des Feuers wurden. Dies wird z. B. von dem Athenetempel berichtet, in dem der reiche Gellias bei der Eroberung von 406 sich den Flammen übergeben haben soll. Dieses Los war dann aber auch den Tempeln widerfahren, die, Werke edelster hellenischer Baukunst, in ihren Trümmern noch heute von dem Walle des Südrands hinausschauen auf die üppig grüne Landschaft zu ihren Füssen und das blaue Meer. Wenn Polyb in der oft angeführten Schilderung der Stadt und ihrer Herrlichkeit nicht bloss ihre Schönheit und wehrhafte Stärke, sondern auch die ganze Anlage (τὴν κατασκευήν) rühmt, so gehört dazu sicherlich auch dieser kunstvolle Abschluss des Stadtgebiets nach Süden. Wie auf einer weit ausschauenden Warte stehen hier jetzt diese Zeugen eines Glanzes und einer Blüte, die von der jähen Katastrophe ereilt wurden, eben als sie die höchste Stufe erreicht hatten. Hat der Reisende hier jetzt ein Bild von unerreichbar malerischer Wirkung vor Augen, so sucht er sich doch unwillkürlich auch eine Vorstellung davon zu bilden, wie es beschaffen war, ehe Menschenhand und Naturgewalten diese herrlichen Bauten in Trümmer legten. Dabei kommt namentlich ein Umstand in Betracht. Unmittelbar hinter den Tempeln zog sich die Stadtmauer des Südrands hin, deren Blöcke teils noch an Ort und Stelle zu sehen sind, teils in gewaltigen Brocken vermischt mit denen des durch eingebohrte Gräber unterwühlten Felsen in die Tiefe gestürzt sind. Wenn die Mauer hier nicht bloss als eine niedere Brustwehr den scharfen Felsrand überragte, sondern eine ansehnlichere Höhe erreichte, so beeinträchtigte sie den Anblick von aussen gewaltig. Und doch weisen Fundamente von Türmen, auch die Thoranlagen, so das beim Heratempel und die sogenannte Porta aurea auf eine bedeutendere Stärke auch der Mauern an dieser Seite hin [*]) Somit zeigt auch dieser Umstand,

[*] Man könnte annehmen, dass die Befestigung hier gleichsam in die Tiefe ging und dass die Höhe des Felsens mit zur Mauer geschlagen wurde. In der That zeigen sich hier vielfach abgeplattete Felspartien

dass die ästhetische Wirkung dieser Tempelbauten nach dem Innern der Stadt zu, nach Norden berechnet war.

Die imposanteste Stelle unter den südlichen Heiligtümern nimmt der fälschlich sogenannte Tempel der Hera ein.[a]) Wären die Höhen im Norden nicht, so musste man hier die Burg der Stadt suchen, so frei nach allen Seiten schaut dieser herrliche Bau. Gerne möchte man ihn mit Holm (I S. 296) dem Poseidon zuweisen, an dessen Verehrung in Akragas die Meerkrabben und anderes Seegetier auf seinen Münzen erinnern, wenn etwas mehr dafür spräche als die blosse Vermutung. Der Tempel soll noch der älteren Zeit angehören; auf altertümlicheren Stil sollen nach Schubring (S. 48) die Gedrücktheit des Echinus, die grössere Höhe des Architravs als des Frieses, die Einfachheit der Verzierungen, die Sauberkeit der Ausführung und die grossartige Reinheit dieses Stils hinweisen. Der Bau wäre demnach zu Theron's Zeit noch vollendet worden, ja war vielleicht vorher schon begonnen. Es ist ein hexastylos peripteros: sechs Säulen auf jeder Schmalseite, dreizehn auf den Langseiten (die Ecksäulen doppelt gerechnet), 19,55 m beträgt die Breite, 40 die Länge, beidemal die Stufen des Unterbaus mitgerechnet; deren sind es vier, sie selbst erheben sich auf einem aus vier Lagen bestehenden Fundament, das die Unebenheiten des Bodens auszugleichen bestimmt ist. Das eigentliche Tempelhaus, die Cella, hat an den Schmalseiten vorspringende Anten mit je zwei zwischen den Anten stehenden Säulen. Neben dem Eingang sieht man noch, wo die Treppen emporführten zu beiden Seiten in die oberen Räume des Tempels. Vor der Hinterwand ist deutlich die Stelle bezeichnet, wo das Bild des uns unbekannten Gottes stand. 6, 4 m ragen die Säulen des Umgangs mit ihrem Kapitell in die Höhe, darüber der Architrav um ein Fünftel etwa höher als der auf ihm ruhende Fries. 1, 74 m stehen die Säulen von einander entfernt. Die Säulen des nördlichen Umgangs stehen noch mit ihren Kapitellen und meist nur den äusseren Blöcken des Architravs, auch drei Blöcke des Frieses haben hier ihre Lage behauptet nahe bei der Nordwestecke. Sonst hat nur noch eine Säule der Westseite ihr Kapitell, ebenso die zwei der Südostecke, diese auch das dazu gehörige Stück des Architravs. Von den andern stehen nur noch mehr oder weniger grosse Stumpfe, drei der am meisten zerstörten Südseite fehlen ganz. Die eingestürzten Cellawände sind nach Süden gestürzt, die nördliche ins Innere, die südliche in den Säulenumgang. Vor dem Stucküberzug, der dem in der Gegend selbst gewonnenen an fossilen Muscheln reichen Kalkstein gegeben war, sind nur schwache Ueberreste vorhanden. Im Osten war dem Eingang eine Terrasse mit dem Opferaltar vorgelagert. Vor der Westseite sieht man noch die Reste der Strasse, die von aussen her durch das in der Mauer noch jetzt sichtbare Thor zur Tempelhöhe heraufführte. Sollte der Tempel wohl vor der Befestigung gestanden und eine Prozessionsstrasse um den Hügel südlich herum und hier wieder heraufgeführt haben? Die Prozessionen hätten dann später etwa zum Ost-Thor, dem „von Gela" hinaus- und hier wieder hereinziehen müssen.

Der Heratempel bildet gleichsam eine Welt für sich, 700 m ist er von seinem nächsten Nachbar gen Westen, dem sogenannten Concordiatempel entfernt. Die Benennung

---

Aber hätte man dann nicht auf den Vorteil verzichtet, den eine nicht auf ebenem Boden aufstehende Mauer dem Verteidiger gewährte?

[a]) Ueber den Ursprung dieser falschen Bezeichnung aus der Pliniusstelle 35, 63 s. bei Schubring S. 61 und sonst.

dieses besterhaltenen Tempels von Sicilien beruht auf einer Inschrift der römischen Kaiserzeit, nach der die durch irgend einen Streit getrübte Eintracht zwischen den Agrigentinern und Lilybäum wiederhergestellt wurde, und hat somit keinen Wert. Der Tempel ist an Grösse dem der Juno Lacinia ähnlich, die Säulenzahl ist dieselbe; er übertrifft ihn aber weit an Vollständigkeit der Erhaltung. Allerdings wurde in neuerer Zeit und schon früher vieles an ihm gebessert und erneuert. Die Säulen stehen alle aufrecht mit dem Kapitell, der Architrav ist ganz erhalten, auch der Fries an den Schmalseiten und dazu einzelne Stücke der Süd- und Nordseite. Die Ost- und Westseite haben noch das Gesims mit dem Giebel. Auch die Cella ist noch vorhanden; nur die Wand gegen den Opisthodom ist beseitigt und in die Langseiten sind 12 Oeffnungen mit Rundbogen gebrochen, die Folge eines Umstands, dem der Tempel zum Teil wohl auch seine gute Erhaltung verdankt: er war im Jahr 1456 in eine Kirche des heil. Gregors „delle rape" (von den Rüben) verwandelt worden, freilich jedenfalls auch nur deshalb, weil er sich vorher schon in besserem Zustand befand als die anderen. Eigentümlich sind dem Cellabau die nach oben zu sich verjüngenden viereckigen Lichtöffnungen, die sich über dem Thürgesims in den ebenfalls erhaltnen beiden Giebeln des inneren Tempelhauses befinden. Schubring (S. 54) weist ihn wegen seiner „harmonischen Schönheit und majestätischen Einfachheit" der „Blütezeit der Baukunst" zu, d. h. wohl: seine Vollendung fällt wohl in die Zeit des Parthenon, hinter dem er aber hinsichtlich der Feinheit der Ausführung und mit seinen schwereren Verhältnissen zurücksteht.

Schreitet man dem Felsrand mit den Resten der Stadtmauer entlang nach Westen weiter, so gelangt man zu der Stelle, wo der Felsrand durchschnitten und eine Thoröffnung gebildet ist, durch die die Strasse dem Meer zu nach dem Hafen hinausführt (Liv. XXVI 40). Es ist die jetzt sogenannte porta aurea. In dem Winkel zwischen dem Thor und der durch dieses führenden Strasse sowie der Stadtmauer liegt, östlich vom Thor, der gewaltige von nur einem noch aufrecht stehenden Säulenstumpf überragte Trümmerhaufen des sogenannten Tempels des Herakles. Auch dieser Name ist willkürlich erschlossen. Weil Cicero (in Verrem IV 43, 94) von einem Tempel des Hercules in Agrigent berichtet, der nicht weit vom Marktplatz der Stadt entfernt sei und weil man den Markt der Stadt allgemein in den südlichen Teil hinter der porta aurea verlegt, so müsste einer der hier gelegenen Tempel der des Herakles sein. Der Name des benachbarten Zeustempels ist litterarisch sicher bezeugt. Es könnte aber der Heraklestempel auch der ebenfalls nahe gelegene Dioskurentempel sein, vorausgesetzt, dass in der That der Markt hier zu suchen ist. Dass in einer der drei Cellanischen eine wahrscheinlich den Asklepios darstellende Statue gefunden wurde, würde dafür sprechen, dass der Tempel diesem Gotte gehörte, wenn nicht nach Polyb (I 18) das Asklepieion vor der Stadt und zwar 8 Stadien von ihr entfernt gelegen hätte. Somit steht der Name auch dieses Tempels keineswegs fest. Dass er eines der bedeutendsten Heiligtümer der Stadt war, zeigt sein Umfang. Bei sechs Säulen auf den Schmalseiten hatte er fünfzehn in der Länge. Und was für gewaltige Säulen das waren, ist aus den mächtigen Blöcken zu erkennen, den Säulentrommeln, die umherliegen. Nicht nur die Dicke, sondern auch die Höhe ist eine viel beträchtlichere als beim Hera- und Concordiatempel. Die Säulen der verschiedenen Seiten des Peristyls sind hier nach verschiedenen Richtungen niedergestreckt, nicht alle nach derselben, wie z. B. beim Heratempel und den Tempeln von Selinunt. Reich und von besonderer Feinheit waren die Ornamente am Gesims und am Dach. An manchen Bruchstücken im Museum von Palermo mag man noch die Farben betrachten, in denen sie einst erstrahlten. Dieser Tempel, den Schubring (S. 52) zu den „besten der ersten Blütezeit" rechnet, weist, wie das gleich zu erwähnende Olympieion darauf hin, dass zur Zeit seiner Erbauung der berühmte Reichtum der Akragantiner seinen Höhepunkt erreicht hatte. In Römerzeiten scheint er einer Erneuerung unterzogen worden zu sein. Denn römischem Brauch scheint die nach hinten in drei Nischen sich gliedernde Cella zu entsprechen. Auch das Mauerwerk, das diese Teilung bewirkt, ist ein anderes als an der übrigen Cella. Der Heraklestempel enthielt berühmte Kunstwerke, jene Statue des Herakles mit dem von den Küssen der Andächtigen blank gescheuerten Mund und Kinn (s. Cic. in Verr. IV 94) und das die Alkmene darstellende Gemälde des Zeuxis, das dem Künstler unbezahlbar erschien, so dass er es den Akragantinern schenkte (Plin. h. n. XXXV, 62).

Ueberschreitet man die Strasse, die durch die porta aurea zur Stadt hinausführt, so gelangt man zu einem Bauwerk, das seinem gewaltigen Umfang und seiner Anlage nach einzigartig dasteht unter den Bauresten der hellenischen Welt. Es ist der grösste Tempel Siciliens, der zweitgrösste aller von Hellenen erbauten, das Olympieion. Die Siege, die Akragantiner in Olympia erfochten, vielleicht noch der des Herrschers Theron selbst mögen die Veranlassung gewesen sein, dass nun der Plan gefasst wurde, ausser dem Tempel des alten Stadtgotts, des finsteren atabyrischen Zeus, der von den engen Quartieren der Burg herunterschaute, hier in dem glänzendsten Teil des neuen Akragas auch dem lichten Gotte der olympischen Altis eine prächtige Heimat zu errichten. War ja doch ohne Zweifel auch Herakles, der hier ebenfalls seinen Tempel erhielt, in Beziehung zu Olympia gedacht. Pindar (Ol. III) feiert ihn als den Schutzherrn der olympischen Spiele. Der Tempel wird von Polyb (IX 27) und Diodor (XIII 82) als Wunderwerk dieser Zeit erwähnt, aber beide wissen auch zu berichten, dass seine Vollendung durch die Katastrophe des Jahrs 406 verhindert wurde; nur die Decke fehlte noch, erzählt Diodor, „aber niemehr erlangten später die Akragantiner die Mittel, ihre Bauten zu vollenden": es blieb also wohl auch noch anderes unvollendet. Diodor beschreibt zugleich die eigentümliche Beschaffenheit des Tempels, so dass an der Identität nicht gezweifelt werden kann. Diodor giebt auch die Maasse des gewaltigen Baus annähernd richtig an, aber es macht den Eindruck, als kenne er ihn nur von aussen und habe sein Inneres nicht recht gesehen. Die Eigentümlichkeit des Baus beschreibt er so, dass er sagt: während die andern das Tempelgebäude entweder frei hinstellen[42]) oder mit einer Säulenhalle umgeben, habe man hier beides vereinigt, indem die Tempelwände mit den Säulen zusammengebaut wurden, und diese ragen nach aussen rund, nach innen viereckig über die Wände hervor. Man pflegt den Tempel deshalb als Pseudoperipteros zu bezeichnen; aber im strengen Sinne wäre er das nur, wenn die Mauern, die über die vierzehn Halbsäulen der Langseiten und die sieben der Schmalseiten hervorragen, die Wände des eigentlichen Tempelhauses bildeten, ähnlich wie es beim Antentempel, dem Prostylos und Amphiprostylos ist, und offenbar hat Diodor etwas Aehnliches im Sinne. Nun fehlt aber dem Zeustempel von Akragas keineswegs eine Cella; aber ihre Mauern stellen wie die äusseren ebenfalls nur eine Verbindung von Pfeilern her und zwar von je zehn oder, wenn man die vorspringenden Anten mit dazu rechnet, von je

---

[42]) Wörtlich sagt Diodor: „entweder bis zu den Wänden die Tempel bauen". Das kann doch wohl nur heissen: sie bauen die Tempel nur bis zu den Wänden, nicht mehr darüber hinaus, wie es der Fall ist, wenn noch ein Säulenumgang herumgelegt wird.

zwölf. Diese Pfeiler springen nach aussen und innen viereckig vor. Eine weitere Eigentümlichkeit des Tempels ist nun aber die ungerade Zahl der Säulen (sieben) an den beiden Schmalseiten. Aehnliches findet sich bekanntlich nur an der sogenannten Basilika von Pästum, deren Schmalseiten je neun Säulen haben und wo der mittleren Säule eine das Ganze der Länge nach in zwei Hälften teilende Säulenreihe entspricht. Wo war der Eingang in den Tempel? Waren es zwei kleinere Eingänge auf beiden Seiten der einen Schmalseite oder fehlte auf der Westseite, die — auch dies eine Ausnahme von der Regel — den Zugang bildete, die mittlere Säule, so dass hier Raum für eine grosse Thüre war? Eine bedenkliche Frage scheint auch die des Lichts im Tempel zu sein. Reichte die durch die Thüren dringende „südliche Lichtflut", auf die man als Ersatz für die ausser Mode gekommene Oeffnung im Dach hinzuweisen pflegt, hier bei der doch ganz dunklen Vorhalle aus, um die nötige Helligkeit in den mächtigen Raum zu verbreiten? Und doch war diese Helligkeit dringend nötig, wenn ein besonderer Schmuck des Inneren, dessen Diodor übrigens auch nicht gedenkt, zu seiner Wirkung kommen sollte, die Giganten. Von diesen riesigen Gestalten (der in den Tempeltrümmern liegende, aus den Bruchstücken wieder zusammengesetzte misst 7,70 m) stürzten 1401 die letzten drei infolge eines Erdbebens zusammen. Von elf soll man noch Stücke gefunden haben. Die hinter dem Haupt zusammengelegten Hände weisen auf ihre Bestimmung hin, darauf lastendes Gebälk zu tragen, und so weist man ihnen meist ihren Platz im innern Cellaraum an, wo sie eine ähnliche Verwendung gehabt haben sollen, wie die kleineren oberen Säulen im Poseidontempel zu Pästum. Vergeblich suchen wir die Frage zu lösen, was der Grund dieser von allem Bekannten abweichenden Bauart des Tempels war. Sollen wir sie auf sakralem Gebiete suchen oder waren es technische Rücksichten, wie bei Springer-Michaelis angedeutet wird (S. 84), das schlechte Material in Verbindung mit der aussergewöhnlichen Grösse? Unklar bleibt auch, was Diodor über den weiteren Schmuck des Tempels mitteilt: „Was die Säulenhallen betrifft, die eine ungewöhnliche Grösse und Höhe aufweisen, so liessen sie (die Akragantiner) auf der östlichen Seite die Gigantomachie darstellen, ein durch seine Arbeit, seine Grösse und Schönheit ausgezeichnetes Werk, auf der westlichen dagegen die Einnahme von Troja, bei welcher man jeden der Helden seiner Situation entsprechend dargestellt sehen kann". Man bezieht dies gewöhnlich auf die Giebelfelder des Tempels. Eine andere Frage wäre freilich, ob nicht diese Säulenhallen mit dem Tempel gar nichts zu schaffen haben und ein besonderes Bauwerk darstellen, das Diodor nach dem Olympieion und vor dem Fischteich bespricht, dessen Beschreibung nun folgt (XIII 82). Weiss doch auch Polyb (IX 27) von den Säulenhallen zu erzählen, die neben den Tempeln den Schmuck der Stadt bildeten, und auch Schubring (S. 59 f.) berichtet von Spuren und Resten solcher, die er gerade in jener Südwestecke der Stadt gefunden. Diese und andere hier sich erhebende Fragen sind wohl nie mehr mit Sicherheit zu beantworten. Von dem gewaltigen Bau des Zeustempels liegen nur noch bescheidene Ueberreste an Ort und Stelle. Noch kann man sich überzeugen, dass sich in die Rinnen der Halbsäulen in der That, wie Diodor angiebt, ein Mann hineinstellen kann. Das Meiste wurde weggeschleppt, und vieles in dem Hafen des jetzigen Girgenti zum Bau der Molen verwendet.

---

* Einer Lichtöffnung war doch jedenfalls in diesem Tempel kaum auszukommen. Jene Vertiefung des .... rechts unten dagegen, die Schubring im Heratempel fand (S. 47) und die in der Mitte sich zu einem

Verfolgt man westwärts den Felsrand mit den Mauerresten, so bieten sich dem Auge vier aufrecht stehende Säulen mit den darauf ruhenden Gebälkstücken dar; sie bildeten einst die Nordwestecke eines Tempels, der, etwas kleiner als der Heratempel, wohl ebenfalls 6 Säulen an den Schmal-, dreizehn an den Langseiten hatte. Die vier Säulen sind nicht seit alten Zeiten stehen geblieben, sondern erst wieder durch Cavallari, den früheren hochverdienten Hüter der sicilischen Ruinenschätze aus den gut erhaltenen Trümmerstücken wieder aufgerichtet worden. Der Tempel zeigt übrigens Spuren einer römischen Restauration, z. B. Reste eines Mosaikbodens; auch lässt sich die einstige Bemalung an einzelnen Stellen noch deutlich wahrnehmen. Die Benennung des Tempels als Dioskurentempel ist willkürlich (s. übrigens Schubring S. 69). Dass übrigens dem göttlichen Zwillingspaar in der Stadt des Theron eine Stätte bereitet war, lässt der Anfang der dritten olympischen Ode des Pindar durchaus wahrscheinlich erscheinen. Zwischen diesem Tempel und der Mauer finden sich Substruktionen einer stattlichen Säulenhalle und vielleicht auch die eines weiteren Tempels (s. Schubring S. 66). Der Tempel, den die Plane der Stadt nördlich von der Vertiefung, die dem grossen Fischteich zugewiesen wird, am südlichsten Teile des Westrands aufweisen und der jedenfalls fälschlicher Weise Hephästostempel heisst, gehört späterer Zeit an.

Noch wird ein Tempel des Asklepios, des heilkräftigen Apollosohnes, mehrfach in den litterarischen Quellen erwähnt. So von Cicero (in Verrem IV 93); es ist das Heiligtum, ein Gegenstand hoher Verehrung, in dem ein den Akragantinern von Scipio, dem Eroberer Karthago's, zurückgebrachtes Kunstwerk stand, eine Apollostatue, die eine silberne Inschrift am Schenkel als Kunstwerk des Myron bezeichnete und die von Verres gestohlen wurde. Polyb sodann (I 18) spricht bei der Geschichte der Belagerung der Stadt im 1. punischen Krieg von einem Asklepicion vor der Stadt, bei dem die eine Hälfte des römischen Heers ihr Lager schlägt. Handelt es sich hier um zwei verschiedene Heiligtümer oder um dasselbe?[*]) Man findet meist das Asklepiosheiligtum in den etwa 900 m vor dem Seethor in Casa S. Gregorio gelegenen Ueberreste eines Antentempels nach Art dessen von S. Biagio, den die Pseudoanlage eines Posticums mit zwei Halbpfeilern an den Ecken und zwei Halbsäulen in der Mitte als Zeitgenossen des Olympieions erkennen lässt. Holm bestreitet neuerdings (Gesch. v. Sic. III S. 42 f. u. Anm. S 345), dass diese Ruinen dem Asklepiostempel angehört haben, unter Berufung auf die näheren Umstände bei jener Belagerung von 262.

Später, wohl erst römischer Zeit gehören sodann endlich zwei viel genannte und abgebildete kleinere Denkmäler von Girgenti an, das sogenannte Grabmal des Theron, von dem Schubring (S. 71) vermutet, es könnte wohl ein zu Ehren des Timoleon errichtetes Kenotaph sein und die Kapelle des Phalaris bei S. Nikola, in die im Mittelalter eine normannische Kapelle eingebaut wurde. Bei beiden ist Stilmischung das untrügliche Merkmal späten Ursprungs.

---

mit einem Steinpfropfen verschliessbaren Loch hinabsenkte, wird eher dem Abfluss des zur Reinigung des Bodens verwendeten Wassers als des bereitströmenden Regenwassers gedient haben.

[*]) Es ist leicht denkbar, dass das köstliche Kunstwerke enthaltende „religiosissimum fanum" des Cicero in der Stadt lag und dass es sich vor der Stadt nicht um einen förmlichen Tempel handelt, sondern nur um eine sonstige Verehrungsstätte. Was das röm. Lager bei den Ruinen von Casa S. Gregorio betrifft, so weist Neumann "Zeitalter der punischen Kriege, Breslau 1883, darauf hin, dass dieses hier von den umliegenden Höhen beherrscht wurde.

Wenn wir Recht haben mit der Voraussetzung, dass die Vertreibung der Tyrannen in Akragas in der Entfaltung einer glänzenden Bauthätigkeit keinen tieferen Einschnitt bedeutete, so mag das Gleiche der Fall gewesen sein auch auf den andern Gebieten geistiger Kultur. Am grössten war die Umwälzung natürlich auf politischem Gebiet: hier war nach aussen ein Zurückgehen der seitherigen Macht, der Verlust der festen Position an der Nordküste die Folge, im Innern die Freiheit. Aber dies ist ein sehr relativer Begriff. Hier bedeutet er jedenfalls nicht volle Anteilnahme aller Bürger an Regierung und Verwaltung. Die alten dorischen Institutionen, die Akragas nach Thukydides von seiner Mutterstadt Gela als Erbe mit bekam, namentlich die Einteilung in die dorischen Stämme der Dymanen, Pamphiler und Hylleer, werden unter Theron fortgedauert haben. Sein ganzes Regiment trägt ja einen aristokratischen Anstrich. Dies ward wohl anders unter Thrasydaios, der aber dann sofort vertrieben wurde. Hieron, unter dessen Auspicien die Republik in Akragas wiederhergestellt wurde, wird kaum die Errichtung einer schrankenlosen Demokratie gestattet haben. Diodor (XI 53) sagt, die Akragantiner führten die Demokratie wieder ein, aber es war, wie Holm (I 256) sagt, eine „unvollkommene" Demokratie. Wir erfahren einiges darüber in der Lebensbeschreibung des berühmtesten Akragantiners jener Zeit, des Philosophen Empedokles, die uns Diogenes Laërtius überliefert hat (VIII 64—72). Danach lag die Regierung hauptsächlich in den Händen eines grossen Ratscollegiums von 1000 Mitgliedern, die auf drei Jahre aus den Wohlhabendsten gewählt wurden. Ohne Zweifel waren diese „Wohlhabendsten" der Hauptsache nach die alten Grundbesitzer dorischer Abstammung, die sich durch Verwertung ihrer Bodenerzeugnisse Reichtümer erworben hatten. Wer lediglich dem Handel sich widmete, gehörte wohl dem Metökenstande an, der an den politischen Rechten keinen Anteil hatte. Unter diesen Hochmögenden seien nun Umtriebe zur Errichtung einer neuen Tyrannis gemacht worden, was Empedokles, des Meton Sohn, ein eifriger Gegner der Tyrannis, bei einem Gastmahl entdeckte, und es seien darauf zwei vornehme Männer hingerichtet worden. Durch des Empedokles entscheidenden Einfluss sei dann bewirkt worden, dass jener Rat der Tausend abgeschafft und die Verfassung eine wirklich demokratische wurde, indem namentlich der timokratische Charakter des seitherigen Regiments beseitigt ward. Eine blosse weitere Ausmalung des tyrannenfeindlichen Charakters von Empedokles mag es dann sein, wenn es heisst, man habe ihm selber die Königswürde angeboten, er aber habe sie ausgeschlagen. Jedenfalls hören wir in der Geschichte der folgenden Jahre bis zur Belagerung von 406 nichts von weiteren Aenderungen der Verfassung.

Auch über auswärtige Unternehmungen der Akragantiner in den nächsten Jahren hören wir nicht viel. Die Stadt hat offenbar ihre Macht damals nicht weiter ausgebreitet, sondern suchte vielmehr festzuhalten, was sie hatte. In Frage kommt hier namentlich das Verhältnis zu den beiden Städten Motye, der alten Phönikierstadt, und dem Elymer-Ort Eryx. Diese beiden Städte haben nämlich eine Zeit lang Münzen mit den wichtigsten Emblemen der akragantinischen, der Krabbe und dem Adler; das weist auf Einfluss der Akragantiner hin, und zwar stammt dieser Einfluss in Eryx ohne Zweifel aus der Zeit des Theron (s. Holm III S. 568 f.), also aus der Zeit unmittelbar nach der Schlacht bei Himera. Ein gleiches von Motye anzunehmen, wo, nach der Art der Münzen zu schliessen, dieser Einfluss sehr lange dauerte, liegt nun sehr nahe. Da indessen die erhaltenen Münzen von Motye aus der republikanischen Zeit von Akragas zu stammen scheinen, so hat man diesen

Umstand mit einer Nachricht des Pausanias (V 25, 2) kombiniert und daraus einen siegreichen Krieg von Akragas gegen Motye in dieser Zeit zu erschliessen gesucht. Er erzählt nämlich, die Akragantiner haben von der im Krieg mit Motye gemachten Beute „die ehernen Knaben nach Olympia gestiftet, die ihre Rechte vorstrecken und die Haltung von Betenden haben, und die an der Mauer der Altis aufgestellt seien". Nicht nur Pausanias kamen sie wie Werke des Kalamis vor, sondern sie galten auch allgemein dafür. Bis wann Kalamis lebte und wirkte wissen wir nicht genau. Jedenfalls gehört er in die erste Hälfte des 5. Jahrhunderts (s. Collignon, Gesch. d. griech. Plastik I, übersetzt v. Thrämer, Strassburg 1897, S. 418). Der Krieg könnte dieser Zeit angehören, er könnte aber schon zu den Kämpfen gehören, die mit der Schlacht bei Himera endeten.[45]) Sicheres erfahren wir nicht.[46]) Zudem nimmt Holm an (s. 1. 1.), dass auch die motyenischen Münzen mit akragantinischen Zeichen auf den Einfluss des Theron zurückgehen; er schliesst dies aus der langen Dauer ihres Vorkommens.

Ergiebt sich hier somit nichts weiter, als dass Akragas, wahrscheinlicher infolge der Niederwerfung des karthagischen Anfalls als eines späteren Kriegs eine Zeit lang Einfluss in Motye und Eryx besass, so ist um so sicherer seine Verwicklung in einen anderen Krieg, in den mit dem Sikelerkönig Duketios. Um die Mitte des Jahrhunderts hatte dieser den Versuch gemacht, die Kräfte der Sikeler zusammenzufassen in einem grösseren Reiche. Diese hatten den hellenischen Ansiedlern bis dahin wenig Widerstand geleistet. Sie mögen vielfach jene fremden Söldner gestellt haben, auf die die Macht der Zwingherrn in den Städten sich gestützt hatte. Auch bei Himera mögen manche auf Seite der Karthager gestritten haben, wie andere wohl jedenfalls auf der der Hellenen. Jetzt in dem Augenblick, wo, wie hervorgehoben wird, dieses Volk wohl schon zum grössten Teile hellenisiert war oder im Begriffe war, es zu werden, erstand ein nationaler Held unter ihnen, bestrebt aus ihren zahlreichen, getrennten Gemeinden einen nationalen Staat zu bilden. Grote in seiner griechischen Geschichte (Meissner IV S. 95) meint, hellenische Männer, die Parteikämpfe in ihren Heimatstädten zu Duketios getrieben, oder der Geist hellenischen Fortschritts, den er selbst in sich aufgenommen, haben ihn zu solchen Ideen angeregt. Er bildete eine Bundesgemeinde, bei der alle sikelischen Orte ausser Hybla sich beteiligten, und gründete dann bei dem Ort, der für alle Sikeler ein Gegenstand heiliger Scheu war, dem See der Paliken (im S. W. der Insel), eine Bundesstadt Palike, indem er seine in der Nähe gelegene Heimatstadt[47]) vom Berge herab in die Ebene verlegte. Nach einem erfolgreichen Angriffe

---

[45]) Dies führt Brunn, Gesch. d. griech. Künstler I S. 125 als Vermutung von Meyer an, s. Holm I S. 257 und Meltzer, Gesch. d. Karth. I S. 308.

[46]) Eine andere Vermutung über diesen Krieg spricht Collignon aus, Gesch. d. gr. Plastik I (Thrämer S. 419 A.3). Er meint, Pausanias, der auch hier Motye in die Nähe von Pachynum verlegt, ebenso habe es mit Motyke verwechselt und seine Worte beziehen sich auf die a. 450 erfolgte Wiedereinnahme des im Jahre zuvor von Duketios eroberten Orts durch die Akragantiner. Die Schwierigkeit dabei ist nur die, dass der von Duketios eroberte und wieder verlorene Ort nicht Motyke bei Pachynum sein kann und überhaupt gar nicht so heisst, sondern Motyon, das Diodor XI 91 als ein Kastell im Gebiet der Akragantiner bezeichnet.

[47]) Bei Diodor XI 88, unserer einzigen Quelle über Duketios, heisst die Stadt Neä, man wollte das für das auch sonst genannte Menä setzen, das jedenfalls in der Nähe lag. Palike sucht man an der Stelle des jetzigen Palagonia.

auf Aitne"; wandte er sich dann in das Gebiet von Akragas, wohl um auch das Volk der Sikaner, dem einst diese Gegenden gehört hatten, zum Anschluss an seinen Bund zu bestimmen. Hier schritt er zum Angriff auf Motyon,[49]) einen festen Platz, in dem eine Besatzung der Akragantiner lag. Akragantiner und Syrakusaner kamen zur Hilfe herbei. Es kam zu einem für ihn siegreichen Kampf; er nahm das Lager der gegen ihn Ausgezogenen, dann aber unterbrach der Winter die weiteren Unternehmungen.[50]) Motyon kam in seine Gewalt.[51]) Im Beginn des Sommers kommt es zur Wiederaufnahme des Kriegs. Während die Akragantiner Motyon belagern und erobern, senden auch die Syrakusaner wieder ein Heer unter einem neuen Feldherrn (der frühere, Bolkon, war wegen angeblichen Verrats hingerichtet worden); das Heer des Duketios wird auseinandergesprengt, er ist nicht mehr imstande den jetzt vereinigten Truppen der beiden Städte Widerstand zu leisten. Duketios ergiebt sich dann den Syrakusanern, die ihn schonen und nach Korinth senden, indem sie ihm die Mittel zu einem anständigen Leben dort gewähren. Der Sikelerbund fällt ebenso rasch wieder auseinander, als er entstanden war. So schien die Gefahr für die Sikelioten beseitigt. Da entstand ein Krieg zwischen den seither gegen Duketius verbündeten Städten, und die Veranlassung dazu bildete die Rückkehr des seitherigen gemeinsamen Feinds. Er war (a. 446 nach Diodor XII 7, 8) angeblich auf Veranlassung eines Orakelspruchs mit vielen hellenischen Auswanderern herübergekommen und gründete mit diesen und etlichen Sikelern, darunter dem Gebieter von Erbita, Archonides, eine neue Stadt in Kale Akte an der Nordküste. Ohne Zweifel geschah es im Einvernehmen mit Syrakus, und die näheren Umstände müssen solche gewesen sein, dass die Akragantiner darin einen gegen sie gerichteten Schachzug erblickten und sich zum Kriege entschlossen.[52]) Offenbar war reichlicher Zündstoff zur Uneinigkeit unter den sicilischen Städten vorhanden; es entstand eine Spaltung, und schliesslich kam es am Himerafluss (wohl dem südlichen) zu einer blutigen Schlacht; die Syrakusaner siegten, und über 1000 Gegner wurden erschlagen. Die Akragantiner baten um Frieden, der ihnen auch gewährt ward. Aber die Sikelerstädte kamen jetzt, da Duketios bald darauf gestorben war,[53]) in die Gewalt der Syrakusaner. Von wichtigen Folgen waren ohne Zweifel diese Ereignisse später auf das Verhalten von Akragas während des sicilischen Feldzugs der Athener.

Wir sahen, dass die Zeit bis zu den grossen Katastrophen, die gegen Ende des fünften Jahrhunderts über Sicilien und seine Städte hereinbrachen, zwar nicht völlig friedlich waren, aber doch von schweren Erschütterungen frei blieben. Für die Zeit bis zum Eintritt dieser Ereignisse aber müssen wir immerhin eine zunehmende Spannung in dem

Verhältnis zwischen Syrakus und Akragas voraussetzen: letzteres ward politisch entschieden in die zweite Stelle zurückgedrängt, Syrakus aber baute 100 Trieren und verstärkte auch seine Landmacht (Diodor. XII 30). So standen die Dinge auf politischem Gebiet; es scheint aber, dass auf anderen Gebieten in dieser Zeit Akragas Syrakus mindestens ebenbürtig gewesen ist. Wir haben oben die auf Theron's Ideen beruhende, aber in der Folgezeit fortgesetzte und erweiterte Bauthätigkeit kennen gelernt, die Akragas zur schönsten Stadt Siciliens machte. In dieser Stadt entfaltete sich nun aber auch ein der äusseren Umrahmung entsprechendes Leben. Der Reichtum und der Luxus der Akragantiner sind sprichwörtlich geworden. Viele Anekdoten sind uns über sie überliefert, und Diodor giebt, ehe er die Geschichte vom Untergang der herrlichen Stadt berichtet, eine eingehende Schilderung von dem üppigen und weichlichen Leben der Akragantiner. Hier setzt wieder die Typen bildende Thätigkeit der antiken, besonders griechischen Geschichtschreibung ein. Wie Phalaris das Musterbild des blutdürstigen Tyrannen, so ist Akragas das Urbild der üppigen, verweichlichten Stadt geworden, von deren Bürgern Empedokles, der berühmteste unter ihnen, gemeint habe, die Akragantiner bauten, als ob sie ewig lebten, und ässen, als ob sie morgen sterben sollten (Diog. Laërt. VIII 63).[54]) Sehen wir uns die Angaben namentlich Diodor's (XIII 81 ff.) über diesen Luxus näher an, so finden wir keine Züge, die nicht auch die vornehme Gesellschaft eines reichen Landes in moderner Zeit darbieten würde: prächtige, „weiche" Gewänder und Goldschmuck, „im Uebermass" fügt Diodor bei,[55]) Geräte für Toilette und Gymnasium (Salbflaschen und Schabeplatten) von Gold und Silber; Ailian (l. c.) fügt noch Bett- und Sophagestelle ganz von Elfenbein hinzu. Anderes weist auf jene Spielereien und Tändeleien hin, die sich so gerne in einer „von Not und Unglück unberührten" Gesellschaft[56]) entfalten: so jene Grabdenkmäler für Rosse und Lieblingsvögel die noch wie die der Athleten zur Zeit des Timaios zu sehen waren. Dazu kommen Geschichtchen, die uns zeigen, dass der Jugend der reichen Stadt ein üppiges, übermütiges Treiben keineswegs fremd war, so die Geschichte von dem Haus, das die Triere hiess, weil es einer lustigen Gesellschaft von Jünglingen nach einem reichlichen Gelage darin einst vorkam, als befinde sie sich auf einem schwankenden Schiffe, wobei das Bezeichnende ist, dass offenbar auch die herbeigerufene Obrigkeit auf den Scherz einging. In anderem zeigt sich ein lebhafter Sinn für die Kunst, der eben nur da sich entfalten kann, wo Reichtum herrscht. Die Stadt war voll von Bildsäulen und Gemälden; die Bauten haben wir schon kennen gelernt. Was darüber berichtet wird und was uns erhalten ist, weist keine Spur davon auf, dass der Geschmak ins Barbarisch-Ueppige entartet ist. Im Gegenteil, die Akragantiner hielten sich auf der Höhe hellenischen Kunstgeschmacks und standen offenbar mit den ersten Künstlern der Zeit in Verbindung. Aus anderem vermögen wir eher

[54]) Fast wie ein Hohn klingt es, wenn Aelian v. Hist. XII 29 dieses Wort dem Platon zuschreibt, der es nach ihm gesprochen haben müsste, als er aus eigener Anschauung Akragas und das Leben dort kennen lernte. Die Bauten, in deren herrlichen Ruinen allerdings der Ruhm der Stadt bis heute noch fortlebt, lagen damals in Trümmern, und die köstlichen Geräte, deren Benützung den Bürgern Freude machte, waren von den Karthagern weggeschleppt.

[55]) Das giebt Holm II S. 87 mit den Worten wieder: „Schmuck, besonders goldnen, trugen sie mehr als sonst die Griechen."

[56]) „κακότητος ἄπειρος" wie Empedokles nach Diodor XIII 83 von ihnen sagt.

einen gewissen Gemeinsinn als sonderliche Üppigkeit zu erkennen, so aus der Anlage jenes Fischteiches, und auf diesen Gemeinsinn geht auch der Bau des weitverzweigten Netzes von Wasserleitungen zurück.

Eine Eigenschaft aber pflegten die reichen Bürger der Stadt in hervorragendem Masse, die edle Gastlichkeit, die schon Pindar an dem Fürstenhause gepriesen; auch dies war eine von Theron und seinem Hause überkommene Erbschaft. Nennt doch Empedokles seine Vaterstadt einen ehrwürdigen sturmsicheren Hafen der Fremden (Diod. XIII 83). Viele Reiche der Stadt werden gepriesen ob ihrer milden Hand, ihrer patriarchalischen Gastfreundschaft, keiner aber mehr als der Reichste von allen, jener Gellias, ein Mann von unansehnlichem Aeusseren, aber kaustischem Humor, der, als Gesandter nach Kenturipa geschickt, den Leuten in dieser Stadt, die den unansehnlichen Sendboten mit lautem Gelächter empfingen, sagte, die Akragantiner wählen eben ihre Gesandten dem Werte entsprechend, den sie denen beilegen, an die sie sie schicken. Dieser Mann hielt in seinem Hause stets eine Reihe von Fremdenzimmern bereit, und an den Thoren der Stadt warteten seine Diener, um ankommende Fremde zu empfangen und in sein Haus zu geleiten. Einst nahm er, wie Timaios (bei Diodor XIII 83) erzählt, 500 Reiter von Gela, die in winterlichem Unwetter nach Akragas kamen, bei sich auf und bewirtete und kleidete sie. Die offene Hand dieser reichen Akragantiner kam aber auch den eigenen Mitbürgern zu gute. Als Antisthenes das Hochzeitsfest seiner Tochter ausrichtete, da waren in allen Gassen der Stadt Tafeln für die Bürger gedeckt und am Abend war feierliche Illumination.

Aber auch andere Sitten der guten alten Zeit gerieten nicht in Vergessenheit: die Pflege gymnastischer Uebung und die Zucht edler Rosse. Zahlreich waren, wie schon erwähnt wurde, die Denkmäler der Athleten, und die Reiter von Akragas werden oft sogar noch in den Zeiten nach dem Untergange der Stadt mit Ehren genannt. Als der Sieger der 92. Olympiade (412) Exainetos, seinen Einzug in der Vaterstadt hielt, da holten ihn seine Mitbürger mit 300 weissen Gespannen, über 800 Gespanne beteiligten sich beim Hochzeitzug der Tochter jenes Antisthenes.

Die Quellen dieses Reichtums waren nach wie vor der Handel mit Wein und besonders mit Öl und der Getreidebau. Einem Garten muss das Land geglichen haben, als der Karthagersturm hereinbrach, aufs sorgfältigste bebaut mit edeln Reben und Ölbäumen. Es scheint, dass der Handel nach Afrika in den Händen der Akragantiner selbst lag; dies zeigen doch wohl die Worte Diodor's (XIII 81): die Bewohner des Landes verkauften die Erzeugnisse ihres Landbaus nach Afrika, „indem sie als Gegenfracht den Reichtum Libyens heimnahmen". Unglaubliche Schätze sollen sie sich dadurch erworben haben. Auf einen grossartigen Geschäftsbetrieb, nicht auf Luxus, weist denn auch hin, was Diodor von den Kellern des reichen Gellias berichtet (XIII 83), indem er sich auf einen Augenzeugen, Polyklet, beruft, der sie noch sah, wie er auf seinen Feldzügen nach Akragas gekommen war. Dreihundert in den Fels gehauene „Fässer" haben sie enthalten, deren jedes 100 Amphoren

---

So und nicht „an seiner Thüre", wie Holm (II S. 87) die Worte Diodors wiedergiebt, möchten wir diese verstehen.

Gerne möchten wir erfahren, bei welcher Gelegenheit.

„Alle diese gehörten den Akragantinern selbst", bemerkt dabei Diodor (XIII 85), und ausserdem waren auch noch andere dabei.

Nach Hultsch ist eine Amphora nach römischem Mass = 26,26 l. Sie kann aber auch = 1 attischen Metretes, d. h. 39,79 l sein.

fasste. Ein Bassin mit Stuccüberzug, das 1000 Amphoren fasste, diente zur Füllung der Fässer. Holm (II S. 425) führt diese in den Fels gehauenen Weinbehälter auf phönikischen Einfluss zurück, der auf dem Gebiete der materiellen Kultur sich damals schon stark bemerklich gemacht habe. Gehört dazu vielleicht auch dieser Grossbetrieb des Handels mit Wein und anderen Landeserzeugnissen selbst?

Wir wünschten an dieser Stelle einen Blick auch auf die sozialen Verhältnisse in der Stadt werfen zu können. Die Geschichte hält so oft nur die grossen, glänzenden Erscheinungen des Menschendaseins fest. Nicht alle Akragantiner waren so reich wie ein Gellias, ein Antisthenes. Wie stand es mit den Kleinen, den Aermeren? Wie war es überhaupt mit der Verteilung des Besitzes bestellt? Herrschte ein schroffer Gegensatz zwischen Arm und Reich, oder war ein, wenn auch mässiger, so doch behaglicher Wohlstand über die ganze Bürgerschaft verbreitet? Die Natur der Dinge bringt es mit sich, dass Ungleichheit des Besitzes herrschte, und das zeigt ja deutlich auch die Schilderung Diodor's. Selbst wenn wir annehmen dürfen, dass die ersten Ansiedler gleichen Grundbesitz erhielten und nicht etwa die Anteile den ungleichen von den einzelnen mitgebrachten Mitteln entsprachen, so musste doch Erbteilung, Glück und Unglück mancher Art, grössere oder kleinere Geschicklichkeit für den Erwerb und Umtrieb des Besitzes mit der Zeit Ungleichheit des Vermögens zur Folge haben. Dazu kommt, dass jedenfalls die reiche Stadt mit ihrem üppigen Leben, ihrem lebhaften Geschäftsbetrieb einen Anziehungspunkt für allerlei fremdes Volk bildete. Manche Dinge, die sich später bei der Belagerung und dem Untergang der Stadt abspielten, weisen auf eine grosse Menge minder Besitzender hin, die hier wohnte oder gelegentlich vom Lande hereinströmte. Besonders zeigt deutlich Ungleichheit des Besitzes auch die Erzählung Diodors (XIII 84) vom reichen Antisthenes, der seinem Sohne, als dieser einen im Heere dienenden armen Nachbar zum Verkauf seines Gütchens drängen wollte, riet, dem Manne lieber zu Wohlstand zu verhelfen; dann werde er seinen Grundbesitz ausdehnen wollen und sein von allen Seiten eingeengtes Gütchen von selbst verkaufen. Das lässt lebhaften Kauf und Verkauf von Grundstücken erschliessen und die Neigung erworbene Kapitalien in Grundbesitz anzulegen. Auch jene zahlreichen Privatleute, die nach der Schlacht bei Himera bis 500 Kriegsgefangene bei sich hatten (Diod. XI 25), waren jedenfalls solche mit besonders grossem Grundbesitz. Aber trotz aller Ungleichheit des Besitzes hatte die Menge der minder Begüterten in den blühenden Tagen der Stadt sicherlich keinen Mangel zu leiden. Handel und die ebenfalls blühende Industrie[61]) boten jedem ein genügendes Auskommen. Erst in den Tagen der Bedrängnis, als der Feind die Stadt umlagerte und das Landvolk hier dicht zusammengedrängt war, trat Mangel und Entbehrung ein.

Die Bevölkerung der Stadt berechnet Diodor (XIII 84) auf über 20 000 Bürger, mit Metöken und Fremden auf 200 000.[62]) Sklaven sollen es etwa 800 000 gewesen sein (Diog.

---

[61]) Die Vorliebe der Akragantiner für Schmuck und kostbare Herstellung der Gebrauchsgegenstände musste das Aufblühen des Kunstgewerbes zur Folge haben, wenn auch manches eingeführt sein mochte, wie z. B. jene attischen Vasen, die wir jetzt im Museum zu Palermo, der Münchner Vasensammlung und sonst sehen. Von einer blühenden Wollindustrie zeugen jene Bleistempel, auf die Selinus zuerst aufmerksam machte (s. Holm II S. 425), und von denen mehrere ihren Emblemen nach Akragas angehören. Auf eine Handwerkerbevölkerung weist auch, was bei Diodor XIII 84 über die von Antisthenes bei der Hochzeit seiner Tochter zur Beleuchtung der Stadt getroffenen Veranstaltungen überliefert ist. Dort ist von den ἐπὶ τῶν ἐργαστηρίων die Rede.

[62]) Diodor erwähnt diese Zahlen, nachdem er eben bemerkt hat, bei dem Hochzeitszug, den Antisthenes bei der Vermählung seiner Tochter veranstaltete, haben die angrenzenden Strassen die Menge nicht ge-

Laërt. VIII 63), Schubring (S. 28; vgl. auch Siefert, Akragas und sein Gebiet, Hamburg 1845
S. 97) erinnert mit Recht daran, dass diese Bewohner nicht alle in der Stadt wohnten, sondern im Gebiete zerstreut waren; dass sie aber alle gelegentlich in der Stadt Platz fanden, zeige die Geschichte der Belagerung. Wenn das Gebiet nach Holm's Berechnung (I S. 157) über 24 Quadratmeilen, also über 1329 Quadratkilometer umfasste, so ergiebt das bei 1350 Quadratkilometern und einer Million Einwohner 741 auf den Quadratkilometer oder, nimmt man 800000 als Gesamtsumme der Bewohner, immer noch 593, wobei die sikanischen Gemeinden, die es doch im Gebiete gab, noch gar nicht in Betracht gezogen sind. Das sind hohe Zahlen für ein Gebiet mit Ausfuhr landwirtschaftlicher Erzeugnisse. Wollen wir nicht überhaupt annehmen, dass die überlieferten Seelenzahlen zu hoch sind, so muss jedenfalls vorausgesetzt werden, dass während das Gebiet der Stadt hauptsächlich mit Wein- und Oelanpflanzungen bedeckt war, aus den umliegenden Gebieten, besonders des Innern Getreide hereinkam, das für den Unterhalt der Bevölkerung und den Export verwendet wurde.[63])
Ein grosser Teil der Bevölkerung muss jedenfalls bei Handel und Industrie, sowie bei den grossartigen Bauten Beschäftigung gefunden haben.

Wie stand es endlich mit dem geistigen Leben in der Stadt? Trat dieses hinter der Sorge um Besitz und Reichtum zurück oder fand es eine liebevolle Pflege? Die Akragantiner hätten müssen keine Hellenen sein, wenn nicht das letztere der Fall gewesen wäre. Alles spricht dafür, dass die Stadt in dieser Beziehung nicht hinter den andern griechischen Orten Siciliens und Unteritaliens zurückstand. Wir Modernen weisen diesem Gebiete auch den Kunstbetrieb des höheren Stils zu. Es war bloss natürlich, dass die Akragantiner zur Ausschmückung ihrer stolzen Tempelgebäude die Künstler in Anspruch nahmen; von einheimischen Künstlern freilich hören wir dabei nichts, dagegen treten uns die besten Namen des Mutterlands entgegen: Kalamis, Myron, Zeuxis werden als solche genannt, die für die Stadt und ihre Bürger arbeiteten. Der Wirkungskreis der Künstler kann ja nie auf die engere Heimat beschränkt bleiben. Dies galt auch von den Künstlern, die wir auf Sicilien hauptsächlich kennen, den Münzstempelschneidern. Man hat ja neuerdings eine Anzahl Namen von solchen festgestellt (s. R. Weil, die Künstlerinschriften der sicilischen Münzen, Berlin 1884 und Holm III 606 ff.). Sie gehören der Blütezeit der Prägekunst an, für die Holm die Jahre 430—360 ansetzt. Natürlich ist sie für Akragas mit der Katastrophe von 406 abgeschlossen. Die meisten dieser Namen nun finden sich auf den künstlerisch vollendeten Münzen von Syrakus, aber einer dieser Künstler, Euainetos, hat auch für Katana und Kamarina, Prokles hat für Katana und Naxos gearbeitet. Auf akragantinischen Silbermünzen sind zwei Künstlernamen angedeutet: MYP und A. Diese Aufschriften erscheinen allerdings nur auf Münzen von Akragas, könnten also einheimischen Künstlern angehört haben. Bei beiden tritt die künstlerische Darstellung eines Viergespanns in den Vordergrund, das einemal (auf der Münze mit A) schwebt der Adler des Zeus darüber, eine Schlange, die sich um seinen Schwanz wickelt, mit den Krallen packend, darunter, mehr als Beiwerk, das alte Emblem akragantinischer Münzen, die Seekrabbe; das andremal schwebt die Nike, in den

fasst. Daraus braucht nicht hervorzugehen, dass diese ganze Menge immer in der Stadt wohnte, sondern nur, dass sie bei festlichen Gelegenheiten dort zusammenströmte.
 Ob die für Getreideaufbewahrung in Anspruch genommenen Vertiefungen im Südwesten der Stadt Magazine für das zu exportierende Getreide waren oder vielleicht aus Anlass einer Belagerung angelegt wurden, bleibe dahingestellt.

ausgestreckten Armen einen Siegeskranz haltend, dem Wagenlenker entgegen, unten im Felde ist eine Skylla (oder Sirene?). Auf der Vorderseite zeigt sich bei beiden Münzen ein Adlerpaar, in entgegengesetzter Richtung, das einemal von rechts nach links, auf der andern von links nach rechts, aber beidemal in derselben Stellung: der eine der Adler hebt den Kopf nach oben, der andere hackt mit dem Schnabel nach einem unter ihnen liegenden Hasen. Auf der Münze des MYP ist hinter den Adlern als Beiwerk eine Fliege, ebenso auf der andern eine Fliege oder Cikade. Die erste ist ein Tetradrachmon, die zweite eines jener wenigen, kurz vor 405 geprägten Dekadrachmen.[64])

Was das wissenschaftliche Leben in Akragas betrifft, so steht ein Mann im Vordergrund, in dessen Persönlichkeit alle Bestrebungen vereinigt sind, die das damalige Hellenentum auf diesem Gebiete zeigt, Empedokles. Der Umstand, dass dieser vielseitige Geist, dessen Bedeutung z. B. auf dem Gebiete der Philosophie mit darin besteht, dass er verschiedene damals herrschende Richtungen zu einer höheren Einheit zu vereinen bestrebt war, in Akragas erstehen und blühen konnte, zeigt nicht zum wenigsten, dass über der Pflege materieller Interessen die der geistigen hier nicht versäumt wurde. Wir sind dem Sohne des Meton (so, nicht Exainetos[65]) wird sein Vater meist genannt) schon auf politischem Gebiete begegnet: den Freisinn und das Widerstreben gegen jede Einzelherrschaft, die er hier an den Tag legte, rühmte auch Aristoteles (s. Diog. Laërt. VIII 63), der seine wissenschaftlichen Anschauungen zu widerlegen suchte. Er stammte aus reichem, sicher altdorischem Hause, dessen Glanz besonders dem gleichnamigen Grossvater des Philosophen seinen Ursprung verdankt und seiner Rossezucht, die ihm einen Siegeskranz in der 71. Olympiade eintrug (496; s. Eratosthenes, der sich auf Aristoteles beruft, bei Diog. Laërt. VIII 51). Seine eigene Blütezeit fällt wohl in das mittlere Drittel des 5. Jahrhunderts (s. Zeller, Gesch. d. gr. Philos. I 2⁵ S. 750 A. 1).[66]) Er soll ein Lebensalter von 60 Jahren erreicht haben,[67]) das nach der einen Berechnung in die Zeit von 484—424 fiele. Zeller (l. l.) ist aber geneigt, sein Leben 8—10 Jahre früher zu legen. In dem politischen Leben scheint er zuerst nach dem Tode seines Vaters Meton hervorgetreten zu sein, als Umtriebe zu Gunsten einer neuen Tyrannis sich regen wollten. Wir sahen oben schon, wie er ein entschiedener Anhänger demokratischer Gleichheit war (s. Neanthes [jüngerer Zeitgenosse des Timaios] bei Diogen. Laërt. VIII 72, Aristot. ibid. 67).

Gegen das Ende seines Lebens scheint er sich mit seinen Landsleuten überworfen zu haben;[68]) er wandte sich nach Syrakus[69]) und von hier nach dem

---

[64]) Dass gerade in dieser Periode akragantinischer Münzprägung das Viergespann neu hinzukommt etc., Hohn III S. 62 fs., weist sicherlich auf das Auftreten bedeutender Künstlerpersönlichkeiten hin, denen die traditionelle Darstellung der alten Embleme nicht mehr genügt. So wird jetzt auch die lebensvolle Gruppe der beiden Adler mit dem Hasen neu gestaltet.

[65]) So Satyros bei Diog. Laërt. VIII 53.

[66]) Auf diese Zeit weist die Angabe des Diog. Laërt. hin (VIII 74), der seine Blüte in die 84. Olympiade verlegt, ferner des Euseb., der ihn unter Ol. 81, aber auch 86 nennt, sodann die Angabe des Gellius XVII 21, 14, der ihn zum Zeitgenossen des Decemvirn macht und endlich die von Diogenes (VIII 52 und 74) nach Apollodor angeführte Notiz eines jüngeren Zeitgenossen des Empedokles, des Glaukos, dass er εἰς Θουρίους νεωστὶ παντελῶς ἐκτισμένους gekommen sei.

[67]) Aristoteles bei Diog. Laërt. VIII 74. Andere Angaben sind minder verlässlich.

[68]) Nach Timaios bei Diogen. Laërt. VIII 71, der an dem Märchen von seinem freiwilligen Sprung in den Ätna Kritik übte.

[69]) Diogen. Laërt. VIII 74.

Peloponnes.[20] von wo er nicht wieder nach Sicilien zurückkehrte. Nach einer alten Nachricht soll er mit den Syrakusanern an dem Kriege gegen die Athener teilgenommen haben. Dass dieser Krieg nicht die verhängnisvolle Expedition der Athener gewesen sein kann, darauf wies schon Apollodor hin (bei Diogen. Laërt. VIII 74).[21]) Nach Steinhart aber (Ersch und Gruber's Realencykl. I 34 S. 83) könnte es der Zug des Laches gewesen sein 427—25); Empedokles hätte sich zur Idee eines sicilischen Gesamtvaterlandes aufgeschwungen, dem auch die anderen Griechen nur als Fremde gegenüberstehen; es ist dieselbe Idee, die Hermokrates (Thukyd. IV 59 ff.) auf dem Kongress der Sikeliotenstädte zu Gela verfocht. Die Sache ist zweifelhaft. Immerhin aber könnte das darin liegen, dass zur Auswanderung des Philosophen aus der Heimat ein freundschaftliches Verhältnis seinerseits zu Syrakus und Opposition gegen die Erbitterung beitrug, die in den Akragantinern seit den Ereignissen nach der Rückkehr des Duketios gegen Syrakus lebendig war.

Empedokles erinnert in seiner Vielseitigkeit und in der ganzen Art seines Auftretens an manche Italiener der Renaissance. Nach allen Richtungen hin sucht er seine Persönlichkeit zur Geltung zu bringen und nicht bloss durch seine Schriften zu wirken. Schon sein Aeusseres musste dazu beitragen: es musste und sollte wohl auch Aufsehen erregen, wenn der stets ernstblickende Mann langwallenden Haares durch das Volk dahinschritt, mit dem Lorbeer des delphischen Gottes geziert, dem er in seinen theologischen Anschauungen eine besonders bedeutsame Stellung angewiesen hatte. Es musste in dem leicht erregbaren sicilischen Volk aufs lebhafteste jene Lust zu fabulieren erwecken, und so hat denn auch die Sage in hohem Grade seine Gestalt umsponnen. Offenbar war darin Pythagoras sein Vorbild. Der geheimnisvolle Zauber, mit dem er seine Person zu umgeben suchte, geht wohl so gut auf pythagoreische Einflüsse zurück als gerade die mehr mystischen Teile seiner Lehre (s. Zeller I. 1. S. 824). Zweierlei tritt uns in eminenter Weise in dieser Persönlichkeit entgegen: er suchte, nicht nur mit seinem Reichtum, sondern auch mit seinem überlegenen Wissen ein Wohlthäter der Seinen zu werden und er war bestrebt, die wissenschaftlichen Ergebnisse, auf die seine Studien ihn führten, zu einem Gesamtbild zu vereinen, das reinere, aufgeklärtere Anschauungen von Gottheit und Welt ermöglichte, als die populären Vorstellungen von diesen Dingen sie bieten.

Nach allem, was wir als Kern der Wahrheit aus den wirren Ueberlieferungen von diesem Manne herausschälen können, war er eifrig bestrebt aus seinen Lehren und theoretischen Anschauungen Ernst zu machen und sie in der Praxis des Lebens zur Geltung zu bringen. Wie er seinen Reichtum verwendete, um Töchter armer Mitbürger auszustatten (Diogen. Laërt. VIII 73), so gebrauchte er seine naturwissenschaftlichen Kenntnisse als Arzt und als Berater seiner Mitbürger und anderer, wenn es galt, den von der Natur selbst drohenden Uebelständen in rationeller Weise entgegenzutreten. So zeigte er den Selinuntiern, wie sie durch Regulierung der Wasserläufe die Niederungen bei ihrer Stadt von den Fieberlüften befreien könnten, so soll er seinen Landsleuten ein Mittel angegeben haben, die Saatfelder gegen den gefährlichen Hauch der Passatwinde zu schützen. Kein Wunder, dass er für das naive Gemüt des Volks bald zum „Windbanner" und Zauberer wurde. Auch seine Thätigkeit als Arzt, so namentlich, wenn wir in diesem Punkte der Ueberlieferung

[20] Nach einer Nachricht des Neanthes (Diog. Laërt. VIII 72) starb er auf der Reise nach Messene in den Folgen eines Sturzes mit dem Wagen.
[21] Empedokles war ja, wie Apollodor hervorhebt, damals schon tot oder schon ganz altersschwach.

glauben dürfen, die Erweckung einer Kranken vom Starrkrampf trug dazu bei, diesen Glauben zu bestärken. Nicht minder aber auch das stolze Selbstgefühl, das Gefühl der Ueberlegenheit, das er zur Schau trug und das neben seiner Vielseitigkeit nicht zum wenigsten an die grossen Männer der Renaissance erinnert. Ein wie genauer Kenner nicht bloss des menschlichen Herzens, sondern auch alles dessen er war, was Macht ausübt auf dieses Herz, zeigt der Umstand, dass es ihm gelungen sein soll, durch die Musik einen Jüngling von einem Morde abzuhalten.

Der Raum verbietet es uns, hier eine eingehende Darstellung seines philosophischen Systems zu geben. Für uns kommt hier wesentlich nur die Bedeutung des Mannes für das geistige Leben seiner Vaterstadt in Betracht. Fand er hier die Anregung für seine wissenschaftliche Thätigkeit oder musste er sie auswärts aufsuchen? Die Schriften der Alten wissen von Reisen ausserhalb Siciliens, die er gemacht hätte, nur die nach Thurii und die letzte nach dem Peloponnes zu erwähnen (Steinhart l. c. S. 86; Holm I S. 265). Dass fast alle berühmten Philosophen vor ihm als seine Lehrer genannt werden, hat nur das zu bedeuten, dass man in seiner Lehre Anklänge an ihre Systeme zu finden glaubte. Dagegen lässt sich leicht vorstellen, dass in dem grossen Verkehrsmittelpunkt Akragas, in der Stadt mit ihrem glänzenden Kunstleben auch die Anschauungen der verschiedenen Philosophenschulen Eingang fanden, die er auf sich wirken liess. Dabei wird er auch gesammelt haben, was er sonst in Sicilien finden konnte. Aber besonders für naturwissenschaftliche Studien wird es ihm in der Vaterstadt an Anregung nicht gefehlt haben. Finden wir ja doch auch sonst, dass diese gerade an solchen Orten gepflegt werden, wo sonst eher die Rücksicht auf die materiellen Interessen überwiegt.

Dass die Lehre des Pythagoras, wie in anderen sicilischen und italischen Hellenenstädten, so auch in Akragas Eingang gefunden, darauf deuten mancherlei Spuren hin. So ist es nur natürlich, dass sich auch bei Empedokles Einwirkungen seines Systems finden. Aber sie stehen, wie von Zeller (S. 825 ff.), Steinhart (S. 105) u. a. gezeigt wurde, in keinem organischen Zusammenhang mit seinem physikalischen System. Sie erstrecken sich besonders auf „die mystischen Teile" seines Systems (Zeller S. 824), die Lehre von der Seelenwanderung und den Dämonen und die damit zusammenhängenden Lebensvorschriften, namentlich das Verbot des Tötens und Essens von Tieren. Er scheint mit der Durchführung dieser Grundsätze nach Zeller mehr Ernst gemacht zu haben, als die ursprünglichen Pythagoreer.[12]) Von der Gottheit, die doch nach seinem System nicht die Bedeutung eines Weltschöpfers haben konnte, suchte er reinere und geläuterte Vorstellungen zu verbreiten. Aber die Götter des Volksglaubens beseitigte er keineswegs, wenn anders mit Recht von einem Erklärer des späten Altertums die Hauptstelle über das Wesen der Gottheit auf Apoll bezogen wird. Ein eigentlicher Pythagoreer aber war er jedenfalls nie, und die alte Ueberlieferung (Diog. Laërt. VIII 54 nach Neanthes), dass er wegen „Entwendung pythagoreischer Sprüche" aus dem Bund der Pythagoreer ausgestossen worden sei, ist um so mehr eine Fabel, als dieser Bund damals schon gesprengt war und nicht mehr bestand. Immerhin aber erhalten wir den Eindruck, als habe er in der Zeit des empfänglichen

---

[12]) Das vielberufene Verbot des Bohnenessens hält Zeller nicht für alt-pythagoreisch und meinte, auch bei Empedokles wäre denkbar, dass das „der Bohnen sich enthalten" auf die Volksversammlungen sich bezüge. S. Zeller I. 1. S. 825 A[?].

Jugendalters starke Einwirkungen durch pythagoreische Lehren erhalten und diese festgehalten, auch als sein ausgereiftes eigenes System ihn auf andere Wege geführt hatte.[73])
In dem eigentlichen naturphilosophischen System des Empedokles dagegen treten uns hauptsächlich Einflüsse des Parmenides und des Heraklit entgegen, also aus Grossgriechenland und Kleinasien zuströmende Bildungselemente. Bei der engen Verbindung der Sikeliotenstädte mit den Hellenenstädten in Italien war es bloss natürlich, dass wie die Weisheit des Pythagoras, so auch die Lehre der Eleaten in Sicilien verbreitet ward, die des Ephesiers Heraklit scheint hier schon um 470 bekannt gewesen zu sein (s. Zeller S. 624). Empedokles stand offenbar einmal unter dem Einfluss der Lehre namentlich des Eleaten Parmenides von der starren Einheit und Unveränderlichkeit des Alls. Von hier aus suchte er eine Vermittlung hinüber zu der Lehre Heraklits von dem ewigen Wechsel der Erscheinungen; offenbar lernte er diese Lehre später kennen; aber sie hat dann einen entscheidenden Eindruck auf ihn gemacht. An der qualitativen Unveränderlichkeit der Materie hielt er auch später fest, aber statt wie Parmenides alle Veränderungen nur für Sinnestäuschungen zu erklären, suchte er sie zu verstehen, indem er die Lehre von den vier Elementen aufstellte, aus deren durch zwei neben einander und einander entgegenwirkende Kräfte hervorgebrachter Trennung und Vereinigung er alle Veränderung und allen Wechsel zu erklären suchte. Diese Kräfte aber nannte er Liebe und Hass. Inwieweit er hier von Heraklit abhängt oder von ihm verschieden ist, inwieweit seine Lehre von den vier Elementen nur eine Kombination, eine Zusammenfassung der von den älteren jonischen Philosophen angenommenen Urstoffe ist, können wir hier nicht untersuchen; nur das sei noch hervorgehoben, dass Empedokles' Lehre eine Vorgängerin der für alle naturwissenschaftliche Untersuchung so überaus fruchtbaren Lehre der Atomistik ist und dass sein Hauptbestreben war, die Vorgänge in der uns umgebenden Natur zu erklären und verständlich zu machen, und gerade dies letzte scheint nicht bloss für den Mann selbst, der ein Lehrer des Volks in eminentem Sinne sein wollte, charakteristisch zu sein, sondern auch für den heimischen Boden, aus dem er erwuchs.

Empedokles ist der einzige Schriftsteller von Akragas, von dessen Werken noch Ueberreste vorhanden sind; wie andere Philosophen jener Zeit legte er seine Lehren in epischen Gedichten in jonischem Dialekt nieder, der „Naturlehre" und den „Reinigungen".[74]) Wenn auch die 43 Tragödien, die er (nach Diogen. Laërt. VIII 57 f.) verfasst haben soll, wohl nicht sein Werk sind, sondern das eines gleichnamigen Enkels oder Schwestersohns, so muss doch auch den Lehrgedichten ein hoher poetischer Schwung eigen gewesen sein. Noch den späten Römer Lukrez begeisterten sie so, dass er gerade von ihnen meint, sie lassen ihren Urheber, den er für das Vorzüglichste erklärt, das das reiche Sicilien hervorbrachte, fast in übermenschlichem Lichte erscheinen (Lucrez de rerum natura I 716 ff. und besonders 713 ff.). Dass er ein Meister der Rede war, der es verstand, nicht bloss durch sein auffallendes Aeusseres, sondern auch durch die Wucht seiner Worte seine Mitmenschen anzuziehen, geht auch daraus hervor, dass die den Hellenen eigene geschäftige Lust an Kombinationen aller Art den berühmten Gorgias von Leontinoi zu seinem Schüler gemacht hat (Diogen. Laërt. VIII 58), ja dass Aristoteles ihn geradezu für den Erfinder der Rhetorik erklärt haben soll (in seinem „Sophisten" bei Diog. Laërt. VIII 57).

Empedokles überragte seine Mitbürger an Vielseitigkeit seines Wissens und Könnens und durch die Bedeutung seiner ganzen Persönlichkeit. Dass er aber mit seinen Bestrebungen nicht allein stand, das zeigt noch so mancher Name, der uns von Akragantinern jener Zeit überliefert ist, so der Rhetor oder Sophist Polos (s. Suidas unter Polos), der den, nach unserem Geschmack zweifelhaften, übrigens nicht einmal unbestrittenen Ruhm hat, ein Werk über Herkunft und Schiksale sämtlicher Helden des trojanischen Kriegs verfasst zu haben, der Arzt Akron, der, wie uns das vielleicht von Empedokles verfasste spöttische Epigramm zeigt, grosse Stücke auf sich hielt, aber auch ein Mann von Bedeutung gewesen zu sein scheint, und andere.

IV. Die Katastrophen gegen Ende des fünften Jahrhunderts.

Wir haben die politischen Ereignisse, die Akragas mit berührten, bis zu dem Punkte verfolgt, da Syrakus entschieden auf Sicilien an die erste Stelle tritt und das Bestreben zeigt, seiner Macht einen bedeutenden Aufschwung zu geben. Dann trat eine jener Katastrophen ein, die den einen zerschmettern, den anderen vielleicht in die Höhe heben, jedenfalls aber dem, der ihnen ausweicht und sich zu entziehen sucht, nicht den Vorteil lassen, den er von seiner neutralen Haltung erhofft hat. Er hat sich zunächst vor Schaden bewahrt, aber wenn der Sturm vorüber ist, steht er neuen Verhältnissen fremd gegenüber, und es ist, als habe er an Thatkraft eingebüsst, während die Energie der andern durch die bestandenen Kämpfe gesteigert wurde. So ging es Akragas während des peloponnesischen Kriegs und des sicilischen Feldzugs der Athener. Man hat die streng neutrale Haltung, die die Stadt während des ganzen peloponnesischen Kriegs beobachtete, auf die zunehmende Weichlichkeit und das üppige Leben der Bürger zurückgeführt. Sicherlich aber waren die Gründe politischer Art, und die Akragantiner liessen sich durch politische Sympathien oder Antipathien bei ihrem Verhalten bestimmen. Bekanntlich hatten die Lakedaimonier bei Beginn des Kriegs die Absicht auch die Parteigenossen in Italien und Sicilien zur Stellung einer Flotte herbeizuziehen (von 200 Schiffen nach Ephoros bei Diodor XII 41), und es gelang ihnen auch eine zusagende Antwort zu erhalten.[15]) Von einer Erfüllung des Versprechens wissen wir weder Thukydides (II ?) noch Diodor etwas zu berichten.[16]) Dass Akragas, das in lebhaftem Handelsverkehr mit Athen stand und schwerlich damals zu den Parteigenossen von Sparta gehörte, die Sache zu hintertreiben suchte, ist durchaus glaublich, und als im Jahre 422 die Athener drei Gesandte, darunter den Phaiax, schickten, um zu Gunsten der Demokraten von Leontinoi eine Verbindung der Sikelioten gegen Syrakus ins Leben zu rufen, fanden diese Gesandten Gehör ausser bei Kamarina auch bei

---

[15]) „ἐπαινέσαι" sagt Diodor nach Ephoros XII 41, s. auch Thuk. II 86.

[16]) Holm II S. 3 sagt: „Die entfernteren Städte Siciliens, wie Selinus und Akragas, waren überhaupt abgeneigt, der Aufforderung Folge zu leisten." Es fragt sich aber jedenfalls von Akragas, ob es überhaupt zu den aufgeforderten Parteigängern von Sparta gehörte.

Akragas (Thuk. V 4). Weiteres wurde aber dann durch den Widerstand von Gela hintertrieben. Jedenfalls aber wurde die zwischen Syrakus und Akragas schon vorher bestehende Spannung infolge dieser Dinge noch vermehrt, und als dann nachher das Hilfegesuch der Egestaier gegen Selinunt, das schliesslich so verhängnisvolle Folgen haben sollte, der Reihe nach an Akragas und Syrakus gerichtet wurde, wollten sich beide Städte durch eine in ihren Augen wohl nebensächliche Angelegenheit die Hände nicht binden lassen und wiesen es zurück. Als aber dann seit 415 das athenische Heer in Sicilien stand und Syrakus bekriegte, da schlossen sich die Akragantiner auch den Athenern nicht an, sondern beobachteten strenge Neutralität (s. Thuk. VII 32, 33, 58). Wir erfahren nichts davon, dass die Athener etwa einen Versuch gemacht hätten, die Akragantiner für sich zu gewinnen; die Erzählung Frontins (III 2,6) von der List, durch die Alkibiades sich der Stadt Akragas bemächtigt, bezieht sich, wie oben schon erwähnt wurde, auf Katane. In der Rede, in der Nikias sich bei Thukydides (VI 20) über die Aussichten der Athener auf Sicilien auslässt, spricht er nur von zwei Städten, auf deren Hilfe die Athener rechnen können, Katane und Naxos, dagegen seien sieben andere da, die der athenischen Macht fast ebenbürtig seien. Der Scholiast beeilt sich, diese Städte aufzuzählen und auch Akragas darunter zu nennen. Offenbar nimmt Nikias an, dass die Rücksicht auf die Stammesverwandtschaft eine dorische Stadt abhalten werde, die Partei der Athener offen zu ergreifen. Und so wird es in der Hauptsache auch gewesen sein. Dazu hatten sicherlich die Akragantiner keine Veranlassung, etwa der athenischen Herrschaft auf Sicilien mit Befriedigung entgegenzusehen, so gut sie auch vorher mit Athen und so schlecht sie mit Syrakus stehen mochten. Auch die Verbindung Athens mit den Egestäern traf vielleicht einen wunden Punkt im Herzen der Akragantiner, die nach der Schlacht bei Himera ja, wie wir sahen, eine Zeit lang Einfluss im phönikisch-elymischen Machtbereich besessen hatten.[28]) Als es dann aber immer schlimmer um das athenische Heer stand und ein immer heftigerer Sturm die Gemüter der Sikelioten gegen die unglücklichen Eindringlinge mit fortriss, so dass zuletzt alle andern nichtjonischen Hellenen Siciliens gegen sie zusammenstanden, da regte sich schliesslich auch in Akragas eine den Syrakusanern freundliche Partei[29]) und suchte einen Regierungswechsel herbeizuführen. Sogleich segelte nun auch von Syrakus, wo man von diesen Bewegungen unterrichtet war, ein Geschwader von 15 Trieren unter Sikanos ab, um den Bestrebungen dieser Partei zum Siege zu verhelfen. Aber sie kamen zu spät. In Gela schon hörten sie, dass die Bewegung gescheitert war, und so kehrten sie unverrichteter Dinge um (Thuk. VII 46 und 50).

Bald darauf ereilte das unglückliche athenische Heer der völlige Untergang. Syrakus stand als Sieger da, seine Macht war grösser als je. Von Akragas, welchen Eindruck hier

---

[27] Diodor XII 82 erzählt diese Dinge unter Olympiade 91, 1 (416); sie werden sich aber wohl schon zum Teil etwas früher ereignet haben, und nur das entscheidende Hilfegesuch, das nach Athen gerichtet wurde, wird in dieses Jahr fallen.

[28] Man könnte auch versucht sein, daran zu denken, dass die Neutralität der Akragantiner auch durch die Rücksicht auf die drohende Macht von Karthago veranlasst wurde, dass sie wussten, es stehe dort ein für die Kriegspartei günstiger Umschwung der Verhältnisse vor. Ein solcher konnte durch die Dinge auf Sicilien hervorgerufen und beschleunigt werden.

[29] Dass eine Syrakus freundliche Partei in Akragas immer vorhanden war, liegt in der Natur der Dinge und geht auch aus manchen Ereignissen im Leben des Empedokles hervor.

die Niederlage Athens hervorgerufen und welches jetzt die Stellung der Stadt unter den sicilischen Städten war, hören wir nichts. Das Leben in der Stadt mochte seinen seitherigen Gang weiter nehmen; der Handel mit Afrika war schwerlich beeinträchtigt, im Jahre 412 wird als Sieger in Olympia ein Akragantiner genannt; er hatte schon 416 gesiegt und wird wohl derselbe sein, von dessen feierlicher Einholung bei seiner Rückkehr in die Stadt oben schon die Rede war. Aber es ist der letzte Olympiasieger aus Akragas, den Diodor in seinem Geschichtswerk verzeichnet. Schon nahte der Augenblick, da das Glück der Stadt einem jähen Sturz entgegenging. Ihre politische Stellung war jedenfalls durch das Ende der athenischen Unternehmung schwer erschüttert worden. Alles östlich und westlich von der Stadt, ja das ganze übrige dorische Sicilien gehorchte dem Einfluss des siegreichen Syrakus, und nirgends hatte Akragas einen Freund; denn beide Teile hatten vergebens während des Kriegs seinen Beistand erwartet.

Während so die Dinge lagen, stieg ein neues Ungewitter am Horizont Siciliens empor: die Karthager hatten sich entschlossen, nach fast siebzigjähriger Ruhepause wieder sich thätig in die sicilische Politik einzumengen. Meltzer (Gesch. d. Karth. I S. 255 u. sonst.) hat nachgewiesen, dass ein Umschwung in der karthagischen Politik stets von einem solchen in der Stellung der herrschenden Familien begleitet war: das magonische Geschlecht kam wieder ans Ruder. Dazu trugen aber dann ihrerseits auch die Verhältnisse auf Sicilien bei (s Meltzer l. l. und oben A. 78). Syrakus, siegreich gegen Athen, war in den von neuem ausgebrochenen Krieg im Osten verwickelt und beschäftigt, die Athen treuen Städte Siciliens niederzuwerfen. Akragas war neutral und dadurch in ein schiefes Verhältnis zu den andern sikeliotischen Städten gekommen, vielleicht war auch sein Misstrauen gegen Karthago durch Gewährung von Handelsvorteilen eingeschläfert. Dazu kam, dass die Elymer von Egesta, durch den Siegesübermut der Selinuntier, mit denen ihre Fehde trotz aller Nachgiebigkeit ihrerseits fortdauerte, bedrängt, sich ein zweitesmal um Hilfe an Karthago wandten. Jetzt wurde diese gewährt. Hannibal, des Gisgon Sohn, erschien mit seinem Heere (409), und die Trümmer von Selinus und Himera, die namenlosen Greuel, die von den wilden Söldnern des Hannibal und den grausamen Phönikern selbst an diesen beiden Orten verübt wurden, zeigten den bestürzten Sikelioten mit einem Schlage, an welchem Abgrund jähen Verderbens die Blüte ihrer Städte sich entfaltet hatte.[99])

Als Hannibal, unbekümmert darum, dass Selinus ihm mit seinem Vater für eine Reihe von Jahren während ihrer Verbannung gastliche Aufnahme gewährt hatte, gerade diese Stadt, die alte Feindin Egesta's, die auch das phönikische Motye bedrohte, zum ersten Ziele seines Unternehmens machte, da schickten die Selinuntier auf die Nachricht von seiner Landung nach Syrakus eilig um Beistand. Wir hören nichts davon, dass sie auch an das doch nähere Akragas sich gewandt hätten. Sie verliessen sich ganz auf Syrakus und ihre seitherigen Bundesgenossen (Diod. XIII 55). Erst in der Nacht nach dem ersten

---

[99]) Der ganze Feldzug des Hannibal dauerte jedenfalls nicht viel über drei Monate, bis Juni 409, s. Meltzer I. l. S. 263 und Völkerling, de rebus Siculis ab Atheniensium expeditione usque ad prioris belli Punici finem gestis (S. 44 A. 2 und S. 55 A. 4). Dass der Plan Himera anzugreifen nicht bloss, wie Diodor es darstellt (XIII 59), gleichsam eine Privatondsrechnung des Hannibal war, der den Tod seines bei Himera 480 gefallenen Grossvaters rächen wollte, nimmt auch Meltzer an, s. S. 260. Himera hatte für die Phönikerstädte der Nordseite, Solus und Panormus, dieselbe Bedeutung wie Selinus für Motye.

Kampftage, als der Sturmbock an ihre Mauern gepocht hatte und sie den vollen, schrecklichen Ernst ihrer Lage erkannt hatten, da sprengten ihre Reiter Hilfe suchend nicht bloss nach Syrakus und Gela, sondern auch in das ihnen am nächsten liegende, aber immer noch ein Miglien entfernte Akragas (Holm II S. 421). Die Akragantiner waren ungerüstet; trotzdem aber waren sie zur Hilfe bereit: aber sie getrauten sich nicht allein mit den bei ihnen eingetroffenen Geloern den Vormarsch gegen das überlegene Heer der Karthager anzutreten; sie warteten auf das syrakusanische Hilfskorps; als aber dieses erschien, da waren auch schon flüchtigen Fusses die elenden Ueberreste der Bevölkerung von Selinus, 2600 armselige Menschen, eingetroffen, mit der Kunde, dass alle Hilfe zu spät komme. Den Akragantinern blieb nichts übrig, als sich der Unglücklichen aufs menschenfreundlichste anzunehmen. Man versorgte sie von staatswegen mit Getreide, man verteilte sie in die Häuser der Bürger und forderte diese auf (obgleich es kaum einer solchen Aufforderung mehr bedurfte), sie mit allem Nötigen zu versehen.

Der Untergang von Selinunt war nur der Anfang des Schreckens. Hannibal zog von Selinunt, Hilfsvölker von Sikulern und Sikanern an sich ziehend gegen Himera. Auch diese Stadt ward zerstört; nur einen Teil der Bevölkerung retteten die Syrakusaner auf ihren Schiffen. Die Abteilung von 3000 Mann, die sie den Selinuntiern zu Hilfe gesandt hatten und die nur bis Akragas gekommen war, war von dort nach Himera geeilt „mit einigen der andern Bundesgenossen", die die Streitmacht des syrakusanischen Feldherrn Diokles auf etwa 4000 Mann brachten (Diodor XIII 59). Ob Akragantiner dabei waren, erfahren wir nicht.

Die Lage der Dinge im westlichen Sicilien war durch den Krieg eine wesentlich andere geworden als vorher. Zwei blühende hellenische Gemeinwesen, die die Grenzwacht gegen das Phönikertum gehalten hatten, waren vernichtet, ihr Gebiet war zum Herrschaftsgebiet der Karthager geschlagen, die auch die Elymer förmlich in ihre Bundesgenossenschaft aufgenommen hatten. Aus den vereinzelten Niederlassungen, die sie seither hier besessen hatten, war eine geschlossene Provinz geworden, die sogenannte Epikratie (s. Meltzer l. I. S. 256). Offenbar hatten sie mit diplomatischer Schlauheit die beiden hellenischen Hauptstaaten, Syrakus und Akragas über die Tragweite ihrer Absichten getäuscht, beziehungsweise bei dem Glauben erhalten, dass ihnen der begonnene Feldzug nicht gelte. Und mit vollständigem Erfolg. Wir werden durch unsere Quellen nicht darüber unterrichtet, welchen Eindruck das entsetzliche Los der beiden Städte in Syrakus und Akragas hervorbrachte. Akragas insbesondere wird sich der Erkenntnis nicht verschlossen haben, dass die Zeit des Schmollens, der Zurückhaltung von den gemeinsamen Angelegenheiten der Hellenen auf Sicilien vorüber sei. Eine Annäherung an Syrakus fand jetzt statt. Aber wie den andern so war auch den verwöhnten Akragantinern das Entsetzen über das Furchtbare, das sie erlebt, bis ins Mark gedrungen und lähmte zuletzt doch ihre Thatkraft. Wie sollte ferner nicht das Volk, das dem Handel seinen Reichtum verdankte, den Versuch gemacht haben, die Quelle dieses Reichtums sich so lange wie möglich um jeden Preis zu erhalten?

Die Karthager hatten wahrscheinlich keine starken Garnisonen, vielleicht überhaupt keine in den Städten ihrer neuen Provinz zurückgelassen. Dies ermöglichte es dem syrakusanischen Verbannten Hermokrates, sich mit etwa 6000 Menschen in Selinunts Trümmern festzusetzen und von hier aus das Gebiet von Motye und Panormos zu brandschatzen. So sahen sie sich zu weiteren Unternehmungen veranlasst, ihr Gebiet zu schützen. Das erste war die Gründung der Stadt Thermai, etwas westlich von dem zerstörten Himera (407). Dann aber rüsteten sie eine gewaltige Streitmacht, die keinen andern Zweck verfolgen sollte, als ganz Sicilien und namentlich Syrakus zu unterwerfen: dies war das radikalste Mittel, wollten sie nicht dauernd sich in die Notwendigkeit versetzt sehen, zum Schutz ihres sicilischen Besitzes ein starkes und kostspieliges Heer auf der Insel halten zu müssen. Dass dies das letzte Ziel der Karthager war, konnten die Sikelioten deutlich aus der zweideutigen Antwort entnehmen, die die syrakusanische Gesandtschaft erhalten hatte, die nach Karthago gekommen war, um Beschwerde über das Geschehene zu führen und Zusicherungen inbetreff der Zukunft zu verlangen (Diod. XIII 79). Schon längere Zeit veranstalteten die Karthager umfassende Rüstungen,[81]) mit deren Leitung wiederum Hannibal betraut wurde. Da er aber unter Berufung auf sein Alter bat, von seiner Ernennung abzusehen (Diod. XIII 80), so wurde ihm ein Verwandter als Gehilfe zur Seite gestellt, Himilkon, des Hannon Sohn.[82]) Diese sandten nun angesehene Karthager mit reichen Mitteln nach Spanien und auf die Balearen, um Söldner zu werben, sie selber hoben in Afrika Libyer und Phöniker, auch die tauglichsten der Stadtbürger aus. Sie boten die Kontingente der verbündeten Stämme und Fürsten auf, Maurusier und Numider, ja bis in die Gegend von Kyrene erging ihr Aufgebot; auch kampanische Landsknechte, deren Kriegstüchtigkeit sich eines hohen Rufs in den Kriegen jener Zeit erfreute, wurden von Italien berufen, aber nicht dieselben, die im Kriege gegen Selinunt und Himera gedient hatten; denn mit denen hatten sich die Karthager überworfen. Es waren im ganzen etwas über 120 000 Mann.[83]) Ausserdem setzte man alle verfügbaren Trieren in Stand[84]) und rüstete über 1000 Transportschiffe. Im Frühjahr 406, etwa im April,[85]) ging die ganze Streitmacht in See.

Sie kamen den Hellenen nicht unerwartet (s. Diod. XIII 81 Anf.). Man wusste, dass man einem Kampf entgegen gehe, in dem es sich um Sein oder Nichtsein handle. So hatten die Syrakusaner zu den Stammesgenossen in Italien und den Lakedämoniern um Beistand geschickt; auch zu ihren Vertrauensmännern in den sicilischen Städten sandten sie, damit diese ihre Mitbürger zum Kampfe für die Unabhängigkeit anfeuern. Die Akragantiner aber, die sich zunächst bedroht sahen, schafften Getreide, alle sonstigen Erzeugnisse des Lands und ihre bewegliche Habe vom Lande in die Stadt. Schon war es auch

---

[81]) Diodor spricht zu 407 schon von stattfindenden Rüstungen (παρεσκευάζοντο XIII 79 Schl.), während er unter 406 erst den Beschluss berichtet, sie zu veranstalten (ibid. 80 Anf.). Dies ist natürlich kein Widerspruch. Die Rüstungen waren 406 schon lange im Gang. s. auch Völkerling S. 64 A. 3.

[82]) Dieser Hanno ist nach allgemeiner Annahme der von Justin XIX 2. 1 als zweiter Sohn des bei Himera gefallenen Hamilkar erwähnte. Da Gisgon, der Vater des Hannibal, bei Justin der dritte, also wohl jüngste der drei Söhne des Hasdrubal ist, so könnte es fast scheinen, als wäre der dem „greisen" Hannibal beigegebene Gehilfe ein älterer Vetter gewesen.

[83]) So nach Timaios, und Xenophon (Hell. I. 5,21). Ephoros giebt eine Zahl von 300000 Mann an (Diod. XIII 80).

[84]) Nach Xenophon l. l. waren es 120. Völkerling (S. 64 A. 4) sagt, er wisse nicht, woher Niebuhr (de Dionysio majore) die Zahl von 90 karthagischen Schiffen habe. Es ist aber klar, dass er die Zahl 90 durch Addition der 50 Schiffe des Hannibal zu den 40 vorausgeschickten fand (Diod. XIII, 80 Schl).

[85]) Dies ist nach Völkerling (l. l. S. 66 A. 3) aus der Zeit der Eroberung von Akragas zu schliessen. Diese erfolgte nach Diod. XIII 91 kurz vor der Wintersonnenwende, nachdem die Belagerung 8 Monate (7 nach Xenophon Hell. I 5,21) gedauert hatte.

zu einem Treffen gekommen und zwar zur See.*) Die karthagischen Feldherrn hatten ja Kriegsschiffe zur Erkundung eines sicheren Landungsplatzes vorausgeschickt. Gegen sie erschienen unvermutet ebenso viele syrakusanische Fahrzeuge in den Gewässern am Eryx. Die Karthager mussten, als es zum Treffen kam, mit einem Verluste von 15 Schiffen unter dem Schutze des Dunkels flüchten. Dann erschien aber Hannibal selbst mit 50 Trieren, und ihm hatten die Syrakusaner keine weiteren Kriegsschiffe entgegenzustellen. Die Akragantiner aber besassen überhaupt keine, und so trug der Mangel einer genügenden Flotte die Schuld, dass die Karthager ruhig und sicher ihre Landung bewerkstelligen konnten.

Die Landung wird in ihrem Gebiet im Nordwesten der Insel erfolgt sein, von hier marschierten sie zu Land südostwärts und lagerten sich vor Akragas. Ehe sie zum Angriff schritten, erschienen Parlamentäre der Karthager in der Stadt mit dem Verlangen, Akragas möge sich entweder ihnen anschliessen und ihrer Bundesgenossenschaft beitreten oder die seitherige freundschaftliche und friedliche Haltung Karthago gegenüber bewahren, d. h. neutral bleiben (Diod. XIII 85). Die Bürger aber, die in den Kämpfen der Hellenen gegen Hellenen mit Aengstlichkeit ihre Neutralität gewahrt hatten, wiesen alle Anträge zurück und zeigten damit, dass Reichtum und Wohlleben das nationale Ehrgefühl in ihnen nicht erstickt hatte. Sie blieben dem Vertrage, den sie ohne Zweifel mit Syrakus abgeschlossen hatten, treu und rüsteten sich zur Gegenwehr.

Hatten die Karthager wirklich daran gedacht, die Akragantiner könnten eine neutrale Haltung auch in diesem Kriege beobachten, so waren sie jetzt eines bessern belehrt; eine feindselig gesinnte Stadt aber konnten sie beim Weitermarsch gegen Syrakus nicht in ihrem Rücken lassen, und so begann der Angriff. Da von einer Einschliessung der Stadt abgesehen wurde,*) so suchten sie ihre Umgebung dadurch zu beherrschen, dass sie ihre Truppen in zwei Lagern vor der Stadt unterbrachten. Das eine, in das die Iberer und ein Teil der Libyer gelegt wurden, errichteten sie, wie Diodor sagt (XIII 85), „auf einigen Hügeln, das andere, das sie nicht ferne von der Stadt anlegten, umgaben sie mit einem tiefen Graben und einem Pfahlwerk". Aus diesen Angaben geht nur hervor, dass das zweite, das Hauptlager von Natur weniger fest war, als das fernere, das auf Hügeln lag. Da nun die Iberer und Libyer des ersten Lagers offenbar dieselben sind, die später dem Entsatzheer entgegengeschickt wurden, so ist wahrscheinlich, dass es östlich von der Stadt lag: denn hier musste das Entsatzheer erscheinen. Man sucht es meist auf den Hügeln S. Pietro und lo Sperone. Das Hauptlager war dann wohl westlich, nach allgemeiner Annahme südwestlich, auf einem Terrain, das nördlich und östlich vom Drago (Hypsas) umflossen wird, also den Ausdünstungen des Flusses ausgesetzt ist.**) Die Akragantiner waren zur Gegenwehr bereit: sie hatten ihre ganze waffenfähige Mannschaft aufgeboten und eingereiht und bildeten aus ihnen zwei Korps. Das eine übernahm den Wachdienst auf den Mauern, das andere blieb in Reserve. Die aufgebotenen Milizen thaten, wie sich zeigen wird, auf der Mauer ihre Schuldigkeit, wenn auch die Obrigkeit es nötig fand, den allzu

— 55 —

grossen Luxus einzuschränken, mit dem die jungen Herrn die Wachlokale ausstatten wollten, und verbot, dass einer mehr als ein Unterbett, eine Decke, ein Schaffell und zwei Kopfkissen auf Wache nehme. Man hatte aber auch Fremde geworben;[89]) in Gela befand sich damals der Spartaner Dexipp, von dem man sich grosse Dinge versprach, aus keinem andern Grunde, als weil er ein Landsmann des Gylipp war; dieser wurde gebeten, möglichst viele Söldner zu werben und nach Akragas zu führen. Er brachte ihrer 1500. Zugleich wurden auch jene Kampaner in Dienst genommen, die früher unter Hannibal gedient hatten; es waren ihrer aber schwerlich immer noch, wie uns Diodor glauben machen will, 800 wie im Jahre 409 (cf. XIII 85 und 44). Diese Kampaner hatten den „Athenehügel" zu besetzen, „der günstig über (?) der Stadt gelegen war".[90])

Himilkon und Hannibal nahmen nun eine Besichtigung der Mauern vor, und an der einzigen leicht angreifbaren Stelle, die sie fanden, führten sie zwei Belagerungstürme von gewaltiger Grösse heran. So entbrannte nun hier ein für die Akragantiner verlustreicher Kampf um die Mauern. Deshalb machten diese bei Nacht einen Ausfall und verbrannten die beiden Türme.[91]) Die Feldherrn befahlen jetzt, den Angriff auf verschiedenen Seiten zugleich zu eröffnen und zu diesem Behuf unter Benützung auch der die Stadt umgebenden Grabdenkmale Dämme aufzuschütten, auf denen man die Maschinen gegen die Mauer heranschieben konnte. Dies geschah, aber jetzt wurde der Aberglauben des Heers erweckt, wenn man den griechischen Quellen glauben darf, zumal als das gewaltige Grabmal des Theron, mit dessen Niederreissung man eben beschäftigt war, der Blitz traf. Zugleich brach eine Pest aus, wohl eine Folge der schlimmen Ausdünstungen des Flusses, und forderte viele Opfer, darunter den einen der beiden Feldherrn, Hannibal. Himilkon gebot jetzt, um dem Aberglauben der Seinen entgegenzukommen, Verschonung der Gräber und ausserdem suchte er die Götter auf karthagische Art zu versöhnen; dem Kronos wurde ein Knabe geopfert und zahlreiche Opfertiere versenkte man dem Poseidon ins Meer.[92]) Dabei wurden aber die Belagerungsarbeiten nicht versäumt; man schüttete Dämme quer durch den an der Stadt vorüberfliessenden Fluss auf bis zur Mauer und stellte hier allerlei Belagerungsmaschinen auf.[93]) Täglich erfolgten Angriffe auf die Mauer.

Unterdes rüstete man in Syrakus eifrig ein Entsatzheer; als die Hilfstruppen von Messana und Italien kamen, wählte man den Daphnaios zum Feldherrn und begann den Ausmarsch. Unterwegs zog man die Kontingente aus Kamarina und Gela, sowie Mannschaften aus dem Binnenlande an sich. So schlug man die Richtung auf Akragas ein; zur See fuhren 30 Kriegsschiffe neben dem Landheere her. Es waren im ganzen über 30000 Mann

---

[89]) Diodor (XIII 85) erzählt diese Dinge, als seien sie nach dem Erscheinen der Karthager vor der Stadt erfolgt; sie werden aber in die Zeit zu setzen sein, als seine Ankunft erst in Aussicht stand.
[90]) Es ist kaum glaublich, dass mit diesen Worten Diodor die Burg bezeichnete, und ebensowenig, dass diese Söldnern anvertraut wurde, die schon auf feindlicher Seite gedient hatten. Eher wäre dies von Ueberläufern anzunehmen, aber das waren diese Beisläufer doch nicht.
[91]) Diese Stelle sucht man beim Ponte dei Morti. Hätte die Mauer den Verlauf von hier direkt zur Südwestecke der Stadt genommen, dann wäre hier von der Nekropolis her Raum für viel zahlreichere Belagerungsmaschinen gewesen.
[92]) Offenbar liegt darin eine Andeutung, dass man den Ursprung der ansteckenden Krankheit vom Wasser ableitete. Holm denkt an die hineingelegten Leichname der Gräber als Ursache (II S. 30) (?).
[93]) Es kann übrigens leicht sein, dass erst die durch die Unterbrechung des Flusslaufs bewirkte Versumpfung die Krankheit hervorrief.

zu Fuss und 5000 Reiter. Wie Himilkon von ihrem Anmarsch hörte, sandte er ihnen seine Iberer und Kampaner und etwa 40000 Mann vom übrigen Heere entgegen. Diese stiessen auf die Gegner, wie sie eben den (südlichen) Himerafluss überschritten hatten, also nicht gar lange nach ihrem Abmarsch von Gela, und in dem Kampfe, der sich jetzt entspann, siegten die Hellenen: sie erschlugen über 6000 Feinde, zersprengten das ganze Heer und verfolgten es bis Akragas. Der Sieg wurde nun aber — dies geht aus der keineswegs ganz klaren Darstellung Diodors (XIII 87) hervor — nicht so ausgenützt, wie es die vom Erfolge begeisterte Menge erwartete. Daphnaios hielt die Seinen, die ohne Ordnung folgten, zurück, damit nicht plötzlich Himilkon mit seinen Truppen, wie es vor Himera geschehen, aus dem Lager hervorbreche und den Sieg in eine Niederlage verwandle. Aber auch die Akragantiner liessen die Fliehenden ruhig an der Stadt vorüber dem näher bei dieser gelegenen grösseren Lager zueilen und sich retten. Ihre Feldherrn, entweder vom Feinde bestochen, wie ihnen nachher die Leidenschaft der Menge vorwarf, oder weil sie die Stadt nicht von Verteidigern entblössen und so einem plötzlichen Angriffe der Feinde preisgeben wollten, blieben taub gegen alle Bitten der Ihrigen, die verlangten, man solle einen Ausfall machen und mit einem Schlage den Feind vernichten. Daphnaios setzte die Verfolgung nur bis zu dem von den Feinden verlassenen kleineren Lager fort, das er besetzte.

Hier kam es nun zu wüsten Szenen: der Spartaner Dexipp kam in das Lager heraus und mit ihm zahlreiche Soldaten aus der Stadt,[94]) die alsbald in lebhaftem Verkehr mit den Leuten des Entsatzheers traten. Eine tumultuarische Versammlung wurde veranstaltet; man zürnte den akragantinischen Feldherrn, die die Gelegenheit den Feind zu vernichten vorübergelassen. Ein Offizier des Entsatzheers, Menes von Kamarina, lieh der allgemeinen Entrüstung Worte; er trat als Ankläger der unglücklichen Feldherrn auf und wusste die Erbitterung so zu schüren, dass die Menge, ohne ihnen das Wort zur Verteidigung zu gönnen, sie steinigte. Vier wurden so erschlagen; nur einer, Argeios,[95]) ein noch junger Mann, kam mit dem Leben davon. Der ganze Vorgang macht den Eindruck einer von Dexipp mit einigen Führern des Entsatzheers gegen die leitenden Kreise von Akragas angezettelten Intrigue. In der That fehlte es auch nicht an Stimmen, die dem Dexipp gleich damals verräterische Absichten zuschrieben. Jedenfalls aber war der moralische Schaden für Akragas ein grosser. Der ganze Vorgang hatte offenbar zugleich die Bedeutung eines politischen Systemwechsels und musste die Widerstandskraft in der belagerten Stadt bedeutend schwachen.

Zunächst aber ward die Lage der Karthager eine sehr bedrängte; zwar wagte Daphnaios keinen Angriff auf ihr wohlbefestigtes Lager, aber mit seiner überlegenen Reiterei schnitt er ihnen alle Zufuhren ab, so dass bald der Mangel zahlreiche Opfer forderte. Besonders die Kampaner und andere Söldner waren ungeberdig und nahmen eine drohende Haltung an. Himilkon gelang es aber, indem er ihnen die goldenen Trinkgefässe der Karthager zum Pfande gab, sie zu bestimmen, dass sie sich noch einige Tage geduldeten. Er hatte nemlich erfahren, dass ein Getreidetransport von Syrakus nach Akragas auf der See

---

[94]) Es muss in der Stadt schon zu tumultuarischen Auftritten gekommen sein, wenn jetzt die Feldherrn diese Leute nicht mehr zurückhalten konnten. Vielleicht hat hier schon Dexipp eine Rolle gespielt.
[95]) Der ganze Auftritt und die Jugend des Strategen Argeios scheinen darauf hinzuweisen, dass die Verfassung damals wieder eher eine aristokratische war, vielleicht ein thatsächliches Vorherrschen eines engeren Kreises von Familien auf plutokratischer Grundlage.

unterwegs sei. Seine letzte Hoffnung beruhte darauf, diesen wegzufangen. Er liess von Motye und Panormos 40 Kriegsschiffe kommen und griff mit diesen die Transportflotte an. Die Syrakusaner dachten längst gar nicht mehr an die Möglichkeit, dass die Punier etwas zur See unternehmen; sie hatten entweder nicht die nötige Zahl von Kriegsschiffen zur Stelle, oder, wenn auch alle ihre 40 Trieren da waren, so versäumten sie jegliche Vorsichtsmassregel: sie wurden durch den Angriff Himilkon's überrascht, sie verloren acht Kriegsschiffe, die übrigen flüchteten aus Land, der ganze Getreidetransport aber fiel in die Hände der Karthager.

Damit war das Schicksal der unglücklichen Stadt besiegelt. Die Neuverproviantierung der Stadt war misslungen; die alten Vorräte gingen zu Ende."⁶) Ein völliger Umschwung der Verhältnisse trat ein. Akragas wurde von seinen Bundesgenossen im Stiche gelassen. Die ersten waren jene kampanischen Söldner, die für fünfzehn Talente, die sie erhielten, ins karthagische Lager übergingen. Wahrscheinlich hatte schon längere Zeit ein Verkehr zwischen den Landsleuten auf beiden Seiten bestanden, und sie hatten nur den Erfolg der letzten Unternehmung abgewartet, um alle entweder auf die eine oder die andere Seite überzutreten. Die Bewegung griff aber weiter um sich. Das Gespenst des drohenden Mangels beunruhigte auch die Führer der Bundesgenossen aus Italien; sie wandten sich an den Spartaner Dexipp, und dieser — sein strategisches Verständnis war angeblich von den Karthagern ebenfalls mit 15 Talenten geschärft worden — gab ihnen den Bescheid, es sei vorzuziehen, den Kriegsschauplatz nach einer anderen Gegend zu verlegen, und so zogen auch diese ab, um über die Meerenge von Messana nach Hause zurückzukehren; den Akragantinern gaben die Führer als Grund an, ihre Amtszeit sei abgelaufen. Nun thaten sich die Strategen und die übrigen Offiziere zusammen und untersuchten die vorhandenen Getreidevorräte; man fand, dass sie nur noch gering seien. Niemand dachte daran, die immer noch überlegene Reiterei zur Einbringung neuen Proviantes auf dem Landwege zu benützen, sondern Dexipp, die syrakusanischen Feldherrn, die akragantinischen, die etwa an Stelle der gesteinigten neu gewählt waren, jedenfalls Leute, die von jenen gänzlich abhängig waren, beschlossen, dass es durchaus nötig sei, die Stadt — und zwar in der nächsten Nacht — zu räumen. Die von ihren Führern und Bundesgenossen verratene Menge verlor alle Widerstandskraft; der ganze Schrecken, den der Untergang von Selinunt und Himera unter den sicilischen Hellenen verbreitet hatte, ward in ihnen lebendig, und so geschah das Unerhörte: Akragas ward geräumt und von der Masse seiner Bewohner verlassen"⁷).

Ein kläglicher Zug von Flüchtlingen wälzte sich auf der Strasse nach Gela zu, vorwärts getrieben durch die Furcht vor dem grausamen Feinde, der sie aber nicht verfolgt zu haben scheint. Sie liessen alles hinter sich, was seither das Glück ihres Lebens ausgemacht hatte, und waren nur bedacht, das nackte Leben zu retten. Unmittelbar nach dem Abzuge der Bewohner rückte Himilkon mit seinen Truppen in die Stadt. Die Plünderung.

---

⁶⁶) Diodor (XIII 88) sagt, man sei anfangs in Aussicht auf eine nur kurze Dauer der Belagerung sorglos mit dem Getreide umgegangen. Es kommt aber dazu, dass die Vorräte jetzt wohl auch für das Entsatzheer von über 30000 Mann zu reichen hatten.

⁶⁷) Es ist nicht klar, inwiefern etwa aus der Notiz des Xenophon, der in der ersten der beiden Stellen, wo er von der Eroberung der Stadt durch die Karthager spricht (I 5,21 und II 2,24), sagt, die Stadt sei ἅγμῃ genommen worden, hervorgeht, dass die Räumung doch nicht eine so überstürzte war, wie Diodor (XIII 88 Schl.) es schildert. Manches in den beiden Stellen könnte vermuten lassen, dass es sich hier um eine entschuldigende Darstellung der Sache von syrakusanischer Seite handelt.

begann und die Abschlachtung der etwa Zurückgebliebenen, die nicht einmal in den Tempeln der Götter Schutz fanden. Man erzählte, Gellias und andere, die zuvor die Führer der Bürgerschaft gewesen, haben es nicht über sich vermocht, den Untergang der Stadt und ihres Reichtums zu überleben. Sie flüchteten sich in den Tempel der Athene und verbrannten sich mit dem Heiligtume der Göttin. Den ganzen Reichtum der Stadt, die fast für die wohlhabendste aller hellenischen galt, plünderten die Barbaren. Von den zahlreichen Bildsäulen und Gemälden, die sie enthielt, wurden von Himilkon die köstlichsten ausgelesen und nach Karthago gesandt — ein deutlicher Beweis für den sich mehr und mehr hellenisierenden Geschmack der Karthager. Auch der berühmte Stier des Phalaris soll ja darunter gewesen sein. Himilkon blieb mit seinem Heere dann den Winter über in Akragas in den Wohnungen der flüchtigen Bewohner, die deshalb jetzt noch nicht zerstört wurden (s. Diod. XIII 91 Anf.). Erst im Beginn des Frühjahrs 405, als Himilkon das Entsetzen, das die Einnahme von Akragas unter den Sikelioten hervorgerufen hatte, benützen und mit seinem durch die Ereignisse des letzten Sommers immerhin geschwächten Heere den Feldzug gegen den Osten Siciliens, vor allem gegen Syrakus aufnehmen wollte, wurde sie gründlich zerstört (Diod. XIII 108). Die Tempel wurden in Brand gesteckt und an denen, die das Feuer nicht schon gründlich zerstörte, wurden alle Zierteile heruntergeschlagen. Den geretteten Bewohnern war von den Syrakusanern Leontinoi als Wohnsitz angewiesen worden, damals eine syrakusanische Festung, die auch noch anderen Flüchtlingen als Aufenthaltsort diente (Diod. XIII 89 und 95). Die Akragantiner unterliessen es aber nicht, bei den Syrakusanern sich über ihre Feldherrn zu beschweren, deren Anwesenheit die Schuld am Untergang ihrer Stadt getragen habe (Diod. XIII 91). Bekannt ist, wie Dionys diese Anklage aufnahm, indem er geradezu die Feldherrn der Bestechung anklagte, und wie diese Anklage für ihn der erste Schritt zur Tyrannis wurde.

V. Die späteren Schicksale von Akragas.

„Das Auge Siciliens" war erloschen, der Glanz und die Blüte der „schönsten der Menschenstädte", wie Pindar einst Akragas genannt hatte, war für immer dahin. Die decimierten Ueberreste der ihrer Habe beraubten, flüchtigen Bewohner harrten in Leontinoi einer Besserung ihres Loses. Wir wissen nicht, ob sich ihre bewaffnete Mannschaft an dem Zuge beteiligte, den Dionys bald darauf unternahm um Gela gegen die angreifenden Karthager zu beschützen. Der Zug endete bekanntlich damit, dass nach einer unglücklichen Schlacht bei Gela Dionys die Geloer und die zunächst bedrohten Kamarinäer nach Syrakus verpflanzte. Als es aber infolge der allgemeinen Entrüstung über den Tyrannen in Syrakus zur Empörung kam, zogen auch Geloer und Kamarinäer nach Leontinoi (Diod. XIII 112). Wie zusammengeschmolzen mussten die Bevölkerungen aller drei Städte gewesen sein, dass sie neben einander in den Mauern von Leontinoi Platz fanden! Himilkon war dann mit seinem siegreichen Heere vor Syrakus erschienen, aber nur, um Friedensverhandlungen zu eröffnen, auf die Dionysios bereitwillig einging. Im karthagischen Heere war die Pest ausgebrochen.[26]) Der Friede, wohl noch im Jahre 405 abgeschlossen,[27]) bestimmte, dass

Es muss dies in einer Lücke zwischen c. 113 und 114 bei Diodor erzählt worden sein. S. auch Holm II S. 400.
[27]) Nach Volkering S. 101 A. 2 und Grote (Meissner) V S. 673. Ueber eine andere Rechnung s. Holm II S. 430.

der ganze Westen Siciliens den Karthagern gehöre; zu ihrem alten Besitz bekamen sie noch die ganze sikanische Landschaft nebst den drei Griechenstädten Selinus, Akragas und Himera. Gela und Kamarina erhielten die alten Bewohner; die Städte sollten aber unbefestigt bleiben und den Karthagern Tribut bezahlen. Leontinoi und Messana wurden für selbständig erklärt, ebenso alle Sikeler, Syrakus wurde dem Dionys zugesprochen. Das freie Griechentum Siciliens schien so gut wie vernichtet (Diod. XIII 114).

Akragas war Eigentum der Karthager, sein Gebiet Staatsland; die es bebauten, hatten dafür den Gebietern Zins zu zahlen. Wir finden bald darauf wieder eine hellenische Bevölkerung in der Stadt. Die Flüchtlinge werden, wenn auch viele anderswo sich ein besseres Unterkommen suchen mochten, zum grossen Teil zurückgekehrt sein; dies ist um so wahrscheinlicher, als nach Leontinoi wieder die alten hellenischen Bewohner gekommen waren und es bald darauf wieder unter den hellenischen Städten aufgezählt wird (Diod. XIV 14; vrgl. Xen. Hell. II 3,5). In welchem Grade die Mauern und Befestigungswerke der Stadt zerstört waren, wissen wir nicht. Eine karthagische Besatzung lag wohl jedenfalls nicht in der Stadt. Was von Himilkon's Heere die Pest übrig gelassen hatte, war nach Abschluss des Friedens mit dem Führer nach Afrika zurückgekehrt (Diod. XIII 114 Schl.). Sodann machen es auch die bald darauf eintretenden Ereignisse wahrscheinlich, dass zwar viele karthagische Kaufleute infolge des Friedens herüberkamen, um den Handel an sich zu ziehen, dass aber keine Bewaffneten zu deren Schutz in der Stadt lagen. Dionys hatte in dem Frieden fast alles preisgegeben, aber er hatte wohl seiner Meinung nach genug behalten, um alles wieder zu gewinnen. Als nun die Kunde sich verbreitete, dass er (397) nach umfassenden Rüstungen im Begriffe sei, Karthago anzugreifen, da erhoben sich überall in den Hellenenstädten des Südens die Bevölkerungen und fielen in wilder Rachgier über die unter ihnen wohnenden Punier her; sie plünderten nicht nur ihre Schiffe und Warenmagazine, sondern vergalten ihnen auch alle Misshandlungen und Qualen, die die Karthager einst über die Unterlegnen und Gefangenen verhängt hatten, so dass, wie Diodor (XIV 46) mitteilt, die Punier von jetzt an es für klüger hielten, einer menschlicheren Kriegführung sich zu befleissigen. Die Mannschaften der Städte, die Kamarinäer, Geloer, Akragantiner, Selinuntier, zuletzt auch die Himeräer begleiteten ihn dann auf dem mit gewaltigem Machtaufgebot unternommenen Zuge gegen Motye. Wie weit sie von den wechselvollen Schicksalen dieses Krieges mitbetroffen wurden, wissen wir nicht. Ohne Zweifel mögen damals auch die Mauern der Städte, soweit sie zerstört waren, wieder hergestellt worden sein. Der Krieg endete damit, dass, als in dem Syrakus belagernden karthagischen Heere die Pest ausbrach und grosse Verheerungen anrichtete, der Feldherr Himilkon für sich und die Karthager von Dionys den Abzug erkaufte, seine Söldner und Bundesgenossen aber preisgab. Ein eigentlicher Friedensschluss scheint nicht zustande gekommen zu sein. Aber Akragas und die andern von Karthago geknechteten Hellenenstädte fühlten sich befreit. Was von ihren Bewohnern da und dort noch übrig war, d. h. also wohl seither noch nicht zurückgekehrt war, sagt Diodor (XIV 78), kehrte jetzt zurück und fing an sich zu erholen.[100]) Dionysios aber mochte keine selbständige Hellenenstädte dulden: durch eine ihm ergebene Partei setzte er seinen Willen hier durch. So herrschte bald Erbitterung gegen ihn, und

---

[100]) Ueber das Ergebnis des Kriegs für diese Städte sind entgegengesetzter Ansicht Holm II S. 122 und Meltzer I S. 307. Der erste nimmt an, dass die Städte befreit wurden, der letzte bezweifelt es.

die Bürger namentlich die Akragantiner benutzten den ersten Unfall, den er erlitt (beim Angriff auf Tauromenion a. 394), um seine Anhänger zu vertreiben und sich von ihm loszusagen (Diod. XIV 88). Die Städte waren aber viel zu schwach, um eine selbständige Politik verfolgen zu können. Es scheint, dass sie jetzt einfach wieder dem karthagischen Einflusse anheimfielen [101]) und bald froh waren, dass Dionys, als er 383 wieder zum Kriege gegen Karthago rüstete, sie in seine Bundesgenossenschaft aufnahm. Wie kläglich das Los dieser einst blühenden Gemeinden war, die jetzt der Zankapfel fremder Mächte waren, zeigt der Umstand, dass der Anlass für den Ausbruch des Kriegs dann daraus sich ergab, dass Karthago diese Städte als sein Eigentum in Anspruch nahm (Diod. XV 15). Der Krieg, in dem Akragas sicherlich auf Dionys' Seite beteiligt war, brachte dem Tyrannen Sieg und Niederlage. Der Friedensvertrag sprach Selinus wieder den Karthagern zu; Akragas aber behauptete seine Unabhängigkeit von Karthago und verlor nur den westlichsten Teil seines Gebiets bis zum Halykosflusse (Diod. XV 17).[102]) Aeusserst wahrscheinlich ist aber, dass, wie Meltzer (I S. 310) meint, dafür um so bestimmter die Abhängigkeit von Dionys ausgesprochen wurde.

Die Zeit der freien Städterepubliken neigte sich mehr und mehr ihrem Ende zu. Geschlossene Herrschaftsgebiete unter Fürsten mit königlicher Gewalt traten an ihre Stelle. Den Anfang damit machte Dionys I. Ihm kam das nationale Unglück, das die Hellenenstädte auf Sicilien betroffen hatte, zu gute. Er benützte ihre Schwäche, um auch sie auf das Niveau der allgemeinen Unterthanenschaft herabzudrücken; er that nichts sie zu heben; ihr trotziger Freiheitssinn machte ihm mehr Schwierigkeiten als die längst auch hellenisierten Sikeler und Sikaner und alle die fremden Söldner, die er auf der Insel ansiedelte. Aber so schwach auch Städte wie Akragas jetzt sein mochten (nicht einmal von einer Münzprägung finden wir vor Timoleon ausserhalb von Syrakus und ausser bei des Dionys Kampanern eine Spur),[103]) so waren die alten Ueberlieferungen doch nicht erloschen, und als Dion seinen Versuch machte, die Tyrannenherrschaft zu stürzen, da stellten ihm auch die Akragantiner mit andern Städten ihre Mannschaft; auch Reiter werden dabei genannt. Es lebte also wohl auch die Rossezucht in dem „rossereichen" Akragas wieder auf. Noch einmal aber nahm das freie Hellenentum und nahm Akragas einen bedeutenderen Aufschwung, als der Korinther Timoleon nach seinen wunderbaren Erfolgen, die übrigens doch den Halykos als Grenzfluss zwischen Hellenen und Karthagern bestehen liessen (s. Diod. XVI 82 und Plut. Timol. 34), daran ging das Hellenentum in den Städten neu zu stärken. So berief er auch nach Akragas Ansiedler, Eleaten aus Lukanien unter Leitung des Megellos und Pheristos (Plut. Timol. 35), und jetzt erlebte die Stadt eine Art von Nachblüte, ehe auch sie in dem alles verschlingenden Römerreich aufgehen sollte. Aber freilich, es war nur ein Schatten der alten Grösse. Es fehlte nicht an hochstrebenden Gedanken, an Versuchen eine eigene Politik zu verfolgen: aber der Erfolg blieb diesen Bestrebungen meist versagt, und schliesslich sah sich die Stadt doch wieder vor die Wahl zwischen dem hellenischen oder auswärtigen Zwingherrn und der Abhängigkeit von Karthago gestellt. In dem

---

[101] Etwa beim Friedensschluss von 392 (s. Meltzer I S. 307) (?).
[102] Vielleicht auch Herakleia Minoa auf dem linken Ufer des Halykos, wenn diese Stadt nicht erst von Dionys II beim Geschluss des von seinem Vater 368 begonnenen Kriegs abgetreten wurde. S. Meltzer I S. 311. Als 357 Dion hier landete, war die Stadt karthagisch.
[103] Vgl. Head H S. 126 und III S. 656.

welthistorischen Rassekampf, dessen Schauplatz Sicilien geworden war, konnte die einzelne Stadt ihr Sonderdasein nicht mehr bewahren.

Eine wohlthätige Folge aber, die Timoleons Wirken den sicilischen Gemeinden brachte, kam auch Akragas zu gut. Diodor schildert uns (XVI 83), wie nach der Wiederherstellung friedlicher Zustände der Wohlstand überall sich wieder hob, wie sich die entvölkerten Städte wieder bevölkerten, die verwilderten Fluren wieder bebaut wurden und man anfing zerstörte Gebäude, namentlich Göttertempel wiederherzustellen oder neue zu errichten. Da mögen auch in Akragas manche Tempel wieder aus Schutt und Trümmern neu erstanden sein; freilich an den Ausbau des alten Wahrzeichens der Stadt, des unvollendeten Zeustempels, wagte man sich nicht. Auch die alte kunstvolle Münzprägung lebte wieder auf: man brachte die alten Embleme, den Adler und die Krabbe auf den Münzen wieder an, daneben aber auch andere, so ein lediges Pferd, das Zeichen der Freiheit (s. Holm II S. 473 und III S. 669).

Die Freiheit aber, die Timoleon den sicilischen Städten gebracht hatte, war nicht bloss Freiheit von Zwingherrn, es war auch die zweischneidige Gabe jener altgriechischen Unabhängigkeit der Gemeinden von einander (s. Meltzer I S. 336 f.), und als der Befreier (336) gestorben war, da traten auch bald die alten Folgen dieser Freiheit wieder hervor, die Fehden im Innern und die Kämpfe der Städte unter einander. So ist schon in den Jahren, da der junge Agathokles anfing die Aufmerksamkeit der Syrakusaner auf seine Person zu lenken, zwischen Syrakus und Akragas wieder gekämpft worden (Diod. XIX 3). Die alte Eifersucht zwischen beiden Städten war also schon damals wieder erwacht. Als dann die abscheuliche Herrschaft des Agathokles schwer auf Syrakus lastete, wurde Akragas ein Sammelplatz derer, die ihn befehdeten und dem Stahl seiner Würgerbanden entronnen waren. Akragas bewies die alte Gastlichkeit gegen die Flüchtlinge (Diod. XIX 8). Ja es liess sich durch sie sogar bestimmen (a. 315), Krieg gegen den Tyrannen zu beschliessen im Verein mit Gela und Messana (Diod. XIX 70). Die Verfassung der Stadt scheint damals eine demokratische gewesen zu sein: das Volk beschliesst diesen Krieg. Das Volk fürchtete aber auch, wenn wir Diodor glauben dürfen, ein einheimischer Feldherr könnte sich der Tyrannenschaft bemächtigen, und so wandte man sich — ein Zug, der an das mittelalterliche Florenz erinnert — durch die Vermittlung einiger der Verbannten an die Freunde in Sparta, wo der Königssohn Akrotatos gerne bereit war, dem Rufe zu folgen und die Hauptmannschaft anzunehmen. Er kam auf eigne Faust, ohne die Erlaubnis der Ephoren einzuholen; unterwegs bestimmte er die Tarentiner, 20 Schiffe zu senden. In Akragas jubelte man ihm zu und hoffte auf ein baldiges Ende der Tyrannenherrschaft. Aber diese Hoffnung ward schwer getäuscht. Er gehörte zu jenen Spartiaten, die sich in grausame und üppige Tyrannen verwandelten, so bald sie den heimischen Boden hinter sich gelassen hatten. Das Geld, das der neue Stadthauptmann zu Rüstungen erhielt, verwendete er teils für sein Vergnügen, teils zu allerlei Intriguen; so ermordete er den Führer der syrakusanischen Verbannten, Sosistratos, hinterlistig beim Mahle. Die Entrüstung der übrigen Verbannten zwang ihn dann zu eiliger Flucht übers Meer in die Heimat. Das Unternehmen verlief darauf im Sande: die tarentinischen Schiffe kehrten heim, die verbündeten Städte liessen sich durch den Karthager Hamilkar den Frieden mit Agathokles vermitteln, der bereitwillig ihre Unabhängigkeit, aber unter syrakusanischer Hegemonie anerkannte; auch den eigenen Besitz, namentlich die Herrschaft über Selinunt und Herakleia

Minoa, liessen sich bei dieser Gelegenheit die schlauen Punier von neuem bestätigen (Diod. XIX 70 Schl.). Ueberhaupt war für sie die Lage der Dinge auf Sicilien, wo der ruchlose Agathokles mit jedem Mittel bestrebt war, sich im hellenischen Teile der Insel eine Herrschaft nach Art der Diadochen zu gründen, ein nicht ungünstiger. Die Hellenenstädte suchten Schutz bei ihnen gegen die drohende Gefahr, und als im Jahre 312 nach der Einnahme von Messana sich der Tyrann gegen Akragas wenden wollte, wurde sein Angriff durch ein Geschwader von 60 karthagischen Schiffen vereitelt, das an der Grenze zwischen den Gebieten von Gela und Akragas erschien und sich hier festsetzte (Diod. XIX 102). Sie behaupteten diese Position und verstärkten sie bald durch eine Truppenabteilung, die hier landete (Diod. XIX 104).

Wahrscheinlich war dies im Einvernehmen mit Akragas geschehen (s Meltzer I S. 362). Im folgenden Jahre (311) kam eine ganze Flotte von Afrika herüber, die Karthager rüsteten auf Sicilien ein Heer aus, und wieder wurde der Mittelpunkt ihrer Aufstellung der Eknomosberg. Es kam zu einer für Agathokles unglücklichen Schlacht und zur Belagerung von Syrakus, und als jetzt Agathokles (310) den verzweifelten Entschluss fasste, sich dadurch Luft zu verschaffen, dass er, während das feindliche Heer vor Syrakus stand, den Krieg nach Afrika hinübertrug, da benützte Akragas seine Abwesenheit zu einem Versuch, die Städte der Insel zu einem Bunde gegen alle Zwingherrn zusammenzufassen. Es war ein Versuch, der dem Geiste des Timoleon entsprossen zu sein schien, zu loyal für die skrupellose Zeit des Agathokles. Ihn zu fassen lag dem philosophisch geläuterten Sinne der Zeit nicht fern, aber ihn durchzuführen fehlte es Akragas und seinen Verbündeten an Kraft. Offenbar nahm man an, die Karthager und Agathokles halten einander gegenseitig in Schach oder werden sich vernichten, jedenfalls werde Syrakus so geschwächt sein, dass es auf alle Ansprüche auf die erste Stelle freiwillig verzichten werde. Mit dem Führer der syrakusanischen Verbannten, der an der Spitze einer nicht unbeträchtlichen Macht stand, Deinokrates glaubte man leicht fertig zu werden. Im übrigen werden alle den Befreiern zujauchzen und ihnen freiwillig die Hegemonie übertragen. So wählte man denn einen Feldherrn, den Xenodikos, und übergab ihm ein entsprechendes Heer. Dieser machte nun den Anfang mit Gela, das nicht lange vorher nach einem gräulichen Blutbade in die Gewalt des Agathokles gekommen war. Befreit schlossen sich die Geloer begeistert dem Xenodikos an und unterstützten ihn bei seinen weiteren Unternehmungen. Rasch verbreitete sich die Kunde von dem Geschehenen. Henna schloss sich an, Herbessos ward befreit, nachdem die Besatzung die Waffen gestreckt hatte. Dann schützte er Kamarina und Leontinoi gegen die Plünderungen agathokleischer Söldner, die sich in Echetla festgesetzt hatten. Das feste Echetla ward erobert. Noch andere feste Plätze und Städte befreite er, aus denen er karthagische Besatzungen vertrieb. Von Syrakus aus wagte man nicht, etwas gegen ihn zu unternehmen. Soweit war man im Jahre 309 gekommen, aber schon im folgenden Jahre nahm das wohlgemeinte Unternehmen ein jähes Ende. Viele Städte waren befreit, und schon hoffte man bald die ganze Insel in Unabhängigkeit zu sehen. Xenodikos rückte jetzt mit einer Macht von über 10000 Mann zu Fuss und 1000 Reitern gegen die Hauptleute des Agathokles ins Feld, die ihm mit den Truppen entgegenzogen, die sie in Syrakus und andern festen Plätzen hatten zusammenraffen können, 8200 Mann zu Fuss und 1200 Reitern. Es kam zur Schlacht, und Xenodikos floh mit einem Verluste von 1500 Mann nach Akragas zurück. Die Bürgersoldaten der Stadt hatten den kriegsgeübten Söldnern des Agathokles nicht widerstehen können. Auch dies war ein Zeichen der Zeit. Der eine Schlag vernichtete alle Hoffnungen. Eben in diesem Augenblicke kam der gefürchtete Tyrann selbst von Afrika herüber, und von Freiheit war nun zunächst auf Sicilien keine Rede mehr (Diod. XX 31, 32, 56). Selinunt, wo er landete, Heraklea mussten auf die neue Freiheit wieder verzichten. Dann zog er an die Nordküste, wo er Thermai einer karthagischen Besatzung entriss, er nahm Kephaloidion, aus Kentoripa ward er mit Verlust wieder herausgeschlagen, dafür eroberte er Apollonia, wenn auch nicht ganz leicht. Nur mit einem Feinde gelang es ihm nicht fertig zu werden, mit Deinokrates, dem Führer der syrakusanischen Emigrantenschaft, der jetzt den von den Akragantinern aufgegebenen Plan seinerseits aufnehmen zu wollen erklärte (Diod. XX 57). Er hatte eine Streitmacht von fast 20000 Mann zu Fuss und 1500 Reitern unter sich, ein durch die Entbehrungen des Exils abgehärtetes Kriegsvolk. Vor ihm zog sich Agathokles ohne Kampf zurück. Da auch von seinem in Afrika zurückgelassenen Heere schlimme Nachrichten einliefen, so beschloss er nach einem glücklichen Seetreffen dorthin zurückzukehren, aber nicht ohne vorher den Akragantinern einen Schlag versetzt zu haben. Sein Hauptmann Leptines musste in ihr Gebiet einfallen und es verheeren. In der Stadt herrschte Uneinigkeit unter den Bürgern. Xenodikos wurde wegen seines Misserfolgs von einer gegnerischen Partei angefeindet. Leptines sollte ihn nun zum Kampf herausfordern; man verliess sich auf die Uneinigkeit und geringere Kriegserfahrung der Gegner. Die Rechnung war richtig. Anfangs zwar liess sich Xenodikos auf keinen Kampf ein; dann aber trieben ihn die Vorwürfe und Schmähungen seiner Mitbürger hinaus. Sein Heer stand an Zahl zwar dem der Feinde kaum nach, um so mehr aber an Kriegstüchtigkeit. So war der Erfolg derselbe wie beim früheren Zusammentreffen. Die verweichlichten Bürgertruppen flohen rasch, vom Feinde bis zur Stadt verfolgt, mit einem Verluste von 500 Fusssoldaten und über 50 Reitern. Xenodikos entzog sich den Anklagen der ihm feindlichen Partei durch freiwillige Entfernung nach Gela (Diod. XX 67). Das grosse Befreiungswerk war endgültig missglückt. Der Friede mit Agathokles (306) gab den Karthagern ihr früheres Gebiet zurück. Akragas, dessen weiter nicht mehr gedacht wird, musste sich wohl dem Einflusse des Tyrannen fügen.

Als Agathokles (289) starb, zerfiel sein Reich. Ein Teil seiner Söldner, die Kampaner, bemächtigten sich Messana's und gründeten hier den Räuberstaat der Mamertiner. Sein Feldherr Hiketas wurde schliesslich Herr von Syrakus, und auch in andern Städten erstanden Tyrannen, so Tyndarion in Tauromenion, Herakleides in Leontinoi und Phintias in Akragas. Es war das letztemal unter ihm, dass die Stadt eine selbständige Rolle in der Geschichte spielt. Ueber die Herkunft des Phintias, ob er ein Einheimischer war oder ein Fremder, erfahren wir nichts, auch nicht, wie er in den Besitz der Herrschaft gelangte. Er mag wohl die Parteiungen benützt haben, die auf den unglücklichen Ausgang des letzten grossen Unternehmens folgten. Wir finden ihn in gutem Einvernehmen mit Karthago: entweder stützt er sich von Anfang an auf diese Macht, oder unterstützten ihn nachher die Karthager, um ihrer Hauptgegnerin, Syrakus, zu schaden. Zu Syrakus und Hiketas steht er in scharfem Gegensatz; die alte Nebenbuhlerschaft der beiden Städte scheint wieder erwacht zu sein. Es kam zum Krieg, und Phintias wurde von Hiketas am Hyblaios geschlagen. Aber es scheint, die Karthager nahmen sich seiner an; jedenfalls schlugen diese den Hiketas am Terias (nicht weit von Leontinoi).[104]) Kaum glaublich ist freilich, dass die

---

[104]) S. Holm II S. 278 f. und S. 487; Meltzer II S. 225 f. und S. 542; Beloch im Hermes 1883.

Karthager ruhig zusahen, wie Phintias sich ein ziemlich ausgedehntes Gebiet unterwarf. Und doch Agyrion unter den Städten genannt, die sich gegen ihn erhoben,[105] „wegen seiner Grausamkeit" wird uns gesagt. Vielleicht wurden diese Städte von den Karthagern auf diese Grausamkeit aufmerksam gemacht. Obgleich Phintias darauf hin milder regiert haben, wie Diodor erzählt, scheint es doch, dass die Akragantiner seiner Herrschaft ein gewaltsames Ende machten.[106] Ein Traum habe ihm sein Ende vorhergesagt; es habe ihm geträumt, ein Wildschwein töte ihn auf der Jagd durch einen Stoss mit dem Hauer. Das mag man mit Holm (II S. 279) auf eine Münze zurückführen, die wir von ihm haben, auf deren Rückseite ein Eber ist (s. Holm III S. 689, n. 454), oder kann man darin mit Meltzer (II S. 544) eine Anspielung auf den Namen seines Mörders sehen. Phintias ist nun aber auch der letzte gewesen, der eine hellenische Stadt auf Sicilien gegründet hat. Die Mamertiner, die vielleicht — früher oder später (s. Meltzer II S. 544) — auch einen Versuch auf Akragas selbst machten, das die Rettung seiner Unabhängigkeit damals dem Achäer Alexon verdankte (s. Polyb. I 43, 2 und 8), suchten vom Nordosten der Insel auch nach der Südküste vorzudringen. Kamarina und Gela wurden von ihnen zerstört. Da gründete Phintias, für die vertriebenen Geloer, wie angenommen wird, eine Stadt am Eknomos, am rechten Ufer des südlichen Himeraflusses, da wo schon unter Phalaris die östliche Grenzwacht des akragantinischen Gebiets gewesen war. Es ist die Stadt, die, einst Phintias genannt, jetzt noch steht unter dem Namen Licata.

Damit endet die Geschichte der selbständigen Hellenenstadt Akragas. Als jetzt Pyrrhos erschien und den Versuch machte, in Sicilien sich ein Reich zu gründen, fiel ihm auch Akragas zu. Er hielt sich auf dem Marsche gegen Lilybäum eine Zeit lang hier auf. Nach seinem Abzuge kam es unter die Gewalt der Karthager. Eine karthagische Festung, nicht eine freie Hellenenstadt war es, die die Römer zweimal, im ersten und im zweiten punischen Kriege, eroberten. Aus der Verwüstung, die sie über die Stadt verhängten, erhob sie sich wieder unter ihrer Herrschaft zu verhältnissmässiger Blüte. Aber der edle Duft der Freiheit fehlte. Von den Römern kam Akragas oder Agrigent,[107] wie es jetzt hiess, an die Byzantiner, dann an die Sarazenen, hierauf an die Normannen und ihre Nachfolger. Immer nur war es ein untergeordnetes Gemeinwesen, das das Schicksal des Ganzen teilte, zu dem es gehörte. Auch das heutige Girgenti ist nur ein Glied eines solchen Ganzen, aber eines Ganzen, mit dem es ein ideales Band, das der Nationalität, verbindet, und es steht zu hoffen, dass aus dieser Quelle der schicksalreichen Stadt eine neue Zeit der Blüte erwachse.

---

[105] Diodor, Fragmente aus XXI und XXII.
[106] Im Jahre 280 etwa, schliesst Meltzer II S. 544 aus der Reihenfolge der Fragmente von Diodor XXII.
[107] S. über die römischen Formen Agragas und Agragantum Hülsen in Pauly's Realencyklopädie I².